JN409757

100대 한글 문화유산 —78
(재)한국어세계화재단

한양가

강명관 지음

신구문화사

발간사

21세기는 흔히 정보화 시대, 인터넷 시대라고 합니다. 정보는 내용이고 인터넷은 그것이 오가는 통로이지만 빠를수록 좋다는 점에서 공통적이라 할 수 있습니다. 21세기 들어 우리 사회는 점점 더 빠르게 변화하고 있으며, 이 같은 세태를 반영하듯 새로운 말들도 예전에 비해 훨씬 많이 만들어지고 있습니다. 이러한 분위기에서 요즘은 국어의 역사에 대한 사람들의 관심도 적어지는 것 같습니다. 그러나 국어는 우리 민족 문화의 근간이고, 역사의 전승 도구라는 점에서 관심을 새롭게 해야 한다고 생각합니다.

한국어세계화재단에서는 2003년부터 문화관광부의 지원을 받아 우리 선조들이 남기신 국어 고전 자료 중 역사적, 문화적, 학술적 가치가 높은 중요 자료 100종을 선정하여 일반인들이 이해하기 쉽도록 해설하는 사업을 해 왔습니다. 선정된 자료들은 주로 문자·언어 관련서, 유학서, 종교서, 역학서, 기술서, 문학서, 생활사 자료 등 영역별로 중요하다고 선정된 문헌들입니다. 이 자료들을 후세까지 영구히 보존하고 일반 대중에게도 널리 읽힐 수 있게 하려면 하루빨리 이들을 디지털화하는 작업과 함께 해당 분야 전문가들에게 의뢰하여 역주·해설하는 작업을 병행해야 합니다. 그러한 작업의 결과가 이제 책자로도 출판되어 나오게 되었습니다. 따라서 독자들은 온라인으로도 원전은 물론 역주와 해설을 함께 볼 수 있으며, 그것을 인쇄된 책으로도 접할 수 있게 된 것입니다.

그동안 다른 기관에서도 국어 고전 자료에 대한 많은 책들을 발간해 왔으나 일반인들이 쉽게 접근하기 어려운 경우가 많았습니다. 이번에 재단에서 출판하는 책들은 국어 전공자가 아닌 일반인이나 중·고등학생들도 큰 어려움 없이 읽을 수 있도록 쉽게 설명하고 해제를 붙였습니다.

우리는 이 책들이 해외에도 널리 보급되어 재외 동포는 물론 한국어나 한국학에 관심을 가지고 있는 외국인들이 한국을 이해하고 한국어에 더욱 높은 관심과 애정을 가질 수 있게 되기를 기대합니다. 특히 최근 한류 등을 통하여 모처럼 일고 있는 한국에 대한 관심이 더욱 확산되고 지속되도록 하기 위해서는 실제로 한국어를 배우고 한국학을 전공하려는 재외 동포나 외국인이 많이 나와야 할 것입니다. 이른바 “100대 한글 문화유산 정비 사업”의 일환으로 이루어지는 이들 책자의 발간이 안으로는 선조들이 남기신 소중한 문화유산을 후손들이 쉽게 접할 수 있도록 하고, 밖으로는 한국어의 세계화에도 기여할 수 있을 것이라 확신하며 이러한 사업에 기꺼이 뜻을 같이하고 땀 흘려 주신 필자들께 깊은 감사의 말씀을 드립니다.

재단에서는 앞으로도 국어 고전 자료뿐만 아니라 현대의 주요 국어 자료들도 세계화하기 위한 다양한 사업들을 계획할 것입니다. 아무쪼록 이러한 노력이 국내외에서 더 많은 사람들이 한국어에 관심을 가질 수 있도록 하는 데 좋은 계기가 되기를 바랍니다. 마지막으로 이러한 사업을 수행할 수 있도록 지원해 주신 문화관광부와 국립국어원에 감사드립니다.

2008년 1월 20일

한국어세계화재단 이사장 정순훈

머리말

조선후기 문학을 공부하기 시작하면서 적지 않게 곤혹스러웠던 것은, 조선후기 사회에 대한 이미지가 떠오르지 않는다는 것이었다. 정약용(丁若鏞)의 한시와 박지원(朴趾源)의 산문이 매력적인 것은 두말할 나위가 없었으나, 나는 다산과 연암의 한시와 산문이 고발하고 비판하는 그 사회의 이미지가 떠오르지 않았다. 소수의 문학작품을 공부하고 2백 년 전의 사회가 그려질 것을 바라는 것 자체가 무모한 일임을 익히 알고 있었지만 그래도 무언가 사람 냄새가 나는 그런 사회의 이미지를 얻기를 여전히 간절하게 바랐던 것이다.

그런 고민의 와중에 만난 것이 「한양가」다. 이우성 선생의 「조선후기 서울의 도시적 양상」이란 논문에 「한양가」가 인용된 것을 보고, 이 책을 찾았으나 쉽게 구할 수가 없었다. 뒤에 송신용(宋申用)이 교주한 「한양가」 복사본을 얻어 읽어보고 이 책이야말로 조선후기 서울을 이해하는데 결정적으로 중요한 자료임을 알았다. 나는 「한양가」를 통해 서울이란 도시의 이미지를 그릴 수 있었고, 나아가 조선후기 사회의 모습도 상상할 수 있게 되었던 것이다. 이후 나의 논문에 「한양가」는 퍽 요긴한 자료로 활용되었다.

「한양가」는 다른 문학 작품에서는 결코 찾아볼 수 없는 조선후기 서울에 대한 생생한 자료를 제공한다. 이 작품의, 서울 시전(市廛)의 풍경과 능행(陵幸), 승전(承傳)놀음, 과거장 풍경 등은 여타의 문헌에서 찾을 수 없는「한양가」만의 독특한 것이다. 예컨대 우리는 시전 풍경 중, 광통교 일대의 그림 시장의 존재와 거기서 팔리는 그림의 종류를 소개한 부분은 다른 어떤 곳에서도 찾아볼 수 없는 회화사의 중요한 자료인 것이다. 뿐만 아니라, 승전놀음에 대한 묘사 역시 이 작품에만 있는 것이다. 승전놀음에 대한 묘사는 조선후기 서울 시민의 유흥에 대한 거의 유일한 자료다.「한양가」는 다른 문헌에는 등장하지 않는 생활에 밀착한 조선후기의 생생한 이미지를 우리에게 제공하고 있는 것이다.

「한양가」에 제일 먼저 주목한 분은 송신용이다. 그는 해방 후「한양가」의 주해에 매달려 1949년 정음사에서「한양가」의 교주본을 처음 출판했던 것이다. 송신용의 이 주해본은 문헌에서 찾을 수 없는 주해, 즉 조선시대를 경험했던 고로(古老)들에게 직접 들었던 중요한 정보들을 적지 않게 갖고 있다. 이 점에서 이 주해본은 이루 말할 수 없이 중요한 것이다. 이후 박성의, 이석래 두 분의 교주본이 나오기는 하였으나, 송신용 교주본의 수준을 크게 넘어서는 것은 아니다. 하지만 송신용 교주본은 나온 지 거의 60년이 되었다. 한자에 익숙하지 않은 세대가 읽고 참고하기에는 너무 어렵다. 그리고 송신용이 당시 굳이 주해를 달지 않아도 되었던 평범한 어휘조차 이제는 전혀 이해 불가능한 고어(古語)가 되고 말았다. 이런 관계로 새로운 주해본이 필요하게 되었다.

이 작품의 주해는 참으로 쉽지 않다. 최초의 주해자 송신용이 '불과 백유오년(百有五年, 105년)이 경과한 오늘에 이르러 소멸되어 없어진 말이라든지, 변경된 말이 너무나 많아서 답답'하다고 고백했듯, 이 작품의 언어는 물론이요, 그 언어가 담고 있는 사회와 문화는 현재 거의 다 잊혀진 상태다. 그런고로 나 같은 천학(淺學)의 사람이 주해를 맡는다는 것부터가 어불성설이겠으나, 그래도 지금 읽을 수 없게 되어 버린 과거의 주해본을 그냥 두기보다는 어쭙잖지만 새로운 주해를 제공하는 것이 나으리라 생각해, 능력없음을 무릅쓰고 노역을 떠맡았다.

이 주해본을 만드는 데 있어 송신용, 박성의, 이석래 세 분의 선행 업적에 감사를 올린다. 이 주해본을 만드는 데 세 분의 주해본을 많이 참고했다. 기성의 주해들을 많이 수렴했고, 미진한 것은 보충했다. 마지막으로 이 책의 출판원고를 꼼꼼하게 검토하고 오류를 지적해 주신 분들께 감사를 드린다.

2008년 3월

강 명 관

차 례

제1장 문헌 해설

1. 「한양가」란 작품의 서지 사항

「한양가」란 이름의 가사는 두 종류가 전한다. 첫째는 19세기 서울의 풍물을 읊은 것이고, 또 하나는 조선 역사를 제재로 한 것으로 흔히 「한양오백년가」라고 한다. 여기서 주해의 대상으로 삼는 것은 첫 번째의 풍물 「한양가」이다. 이하 「한양가」라고 하면 바로 이 풍물 「한양가」를 말한다.

「한양가」가 학계에 널리 알려지게 된 것은 송신용(宋申用)이 1929년대 말 서울의 신설동 경마장 부근의 노상 가게에서 구득하여 1939년에 경성제국대학(京城帝國大學) 조선어학·문학 고서전람회에 출품한 바 있는 목판본 「한양가」를 주해하여 1949년 정음문고(正音文庫)의 하나로 출판하고서부터이다. 그 전에도 「한양가」에 대해 전혀 모르는 바는 아니었겠지만, 학계 전반에 널리 알려진 계기가 이 주해본 「한양가」의 출판임은 두말할 나위가 없는 것이다.

최초의 주해자 송신용을 기리고, 또 「한양가」의 문헌적 이해를 돕기 위해 송신용의 정음문고본 서두에 있는 「한양가 원책(原冊)에 대한 예언(例言)」의 일부를 읽어보자.

이 한양가 원본은 순국문(純國文) 궁체(宮體) 반초(半草) 목각판본(木刻板本)으로 된 소책(小冊)인데, 일변(一邊)이 16행 상하 단(段)이고, 가구(歌句)로는 16구이며, 총지수(總紙數) 24장 402구 외에 신증동요(新增童謠) 1장 2면과 한양가시(漢陽歌詩), 갑술경가(甲戌慶歌) 1장(半面)을 합하면 전책(全冊) 지수(紙數)가 26장이다.

송신용이 대본으로 삼았던 목판본은 현재 어디에 소장되어 있는지 미상이다. 따라서 송신용이 대본으로 삼았던 목판본을 주해의 대본으로 삼지 못한다.

본서는 고려대에 소장되어 있는 목판본을 대본으로 삼았는데, 그 서지(書誌) 사항은 위 송신용의 언급과 완전히 동일하다. 하지만 송신용의 정음사 주해본의 본문과 고려대 목판본을 비교해 보면, 표기상 적지 않은 차이를 발견할 수 있다. 예컨대 정음사판의 첫머리는 '텬디 개벽ᄒᆞ니 일월이 삼겨셰라/ 셩신이 광휘ᄒᆞ니 오힝이 되어세라'라고 시작하는데, 고려대 목판본은 '쳔ᄌᆡ 지벽ᄒᆞ니 일월이 싱겨셔라/ 셩신이 광휘ᄒᆞ니 오힝이 되어셔라'로 시작되어 표기상 적지 않은 차이를 보이고 있다. 이 차이에 주목한다면, 당연히 목판본이 2종 이상 존재했을 것으로 추정 가능하다. 하지만 송신용이 자신이 소장했던 목판본을 다른 필사본과 대조해 교합(校合)했을 가능성도 있다. 어쨌거나 이 문제는 송신용이 대본으로 삼았던 목판본을 확인하기 전에는 해결되지 않을 것이다. 다만 그 차이는 어구에 있어서의 사소한 차이일 뿐 상호 확연히 성격이 다른 이본은 아니다. 목판본은 이 외에도 국립중앙도서관에도 소장되어 있다. 참고로 국립중앙도서관 목판본의 형태를 밝혀두면 다음과 같다.

불분권 1책(24장), 목판본, 28.2×20㎝.

사주단변(四周單邊), 반엽광곽(半葉匡廓) : 20.5×17㎝, 8행 15자 내외.
판심 : 상흑어미(上黑魚尾).
권말 : 셰재갑진계츈 한산거ᄉᆞ 져. 歲在甲辰(1844)季春 漢山居士 著
간기 : 셰경진(1880)국츄 셕동 신간. 歲庚辰菊秋 席洞 新刊

이 역시 고대본 목판본과 같은 것으로 짐작된다.

이 외에 다종의 필사본이 서울대 규장각, 한국정신문화연구원, 연세대, 고려대, 단국대, 영남대, 아단문고 등에 소장되어 있다. 참고로 서울대 규장각 소장본의 형태를 밝히면 다음과 같다.

불분권 1책(36장), 필사(후사)본, 28×22.3㎝.
필사면 : 21.5×17.4㎝, 12행 15자 내외.
권말 : 신증동요, 한양가시, 갑슐경가.

여러 필사본들은 목판본과 대동소이하다. 따라서 필사본이 이본으로서 갖는 가치는 거의 없다고 해도 무방할 것이다.

「한양가」에 대해서는 송신용이 주해한 이래 여러 논자들의 주목을 받아 풍부한 논고가 있다. 여기서 정리해 두면 다음과 같다.

주해본

송신용 교주, 『한양가』, 정음사, 1949.
박성의 교주, 『농가월령가·한양가』, 한국고전문학대계7, 민중서관, 1961.
이석래 교주, 『풍속가사집-한양가·농가월령가』, 신구문화사, 1974.

연구논문

이병기, 「한양가에 나타난 서울의 모습」, 『鄕土서울』 창간호, 서울특별시사편찬위원회, 1957.
최강현, 「한양가에 나타난 이조풍물고」, 『高大文化』 3, 高麗大學校 高大文化

編集委員會, 1961.
최강현, 「한양가 연구」, 고려대 석사학위논문, 1964.
최강현, 「향토한양가의 이본을 살핌」, 『배달말』 8, 배달말학회, 1983.
김은주, 「漢陽歌에 나타난 服飾考察 : 陵行과 科擧次時를 中心으로」, 이화여대 산업미술대학원 석사학위논문, 1984.
정기철, 「한양가 연구」, 한남대 석사학위논문, 1986.
홍여구, 「'한양가'와 예술사의 한 단면」, 『계명어문학』 5, 계명어문학회, 1990.
양보경, 「'한양가'에 비친 조선후기 서울의 모습」, 『토지연구』 5-4, 한국토지개발공사, 1994.
김보경, 「'고씨본 한양가' 연구」, 동아대 석사학위논문, 2001.
김보경, 「한양가의 형상화 양상 고찰」, 『동남어문논집』 13, 동남어문학회, 2001.
최강현, 「가사문학 이본의 처리와 주석 대상 작품의 확정 방안 : 한양가를 예로 하여」, 『한국문학연구』 25, 동국대 한국문학연구소, 2002.

2. 「한양가」의 저작 연대와 작자

「한양가」의 저작 연대는 대개 1844년으로 추정되고 있다. 위 목판본의 맨 끝 장에 '셰재갑진계츈한산거ᄉᆞ져'라고 작가가 표기되어 있다. 곧 '갑진년 늦봄 한산거사 저'란 뜻이다. 문제는 갑진년의 연대를 확정하는 것인데, 송신용에 의하면, 본문의 능행(陵幸)에 관한 부분의 서술에서 건릉(健陵)과 현륭원(顯隆園)에 '춘전알령(春展謁令)' 운운한 것은 곧 헌종 9년의 능행을 말한다고 한다. 따라서 「한양가」의 저술은 헌종 9년 이후 처음 드는 갑진년이니, 곧 이듬해인 헌종 10년 1844년이다.

물론 1844년이 간행연대는 아니다. 「한양가」의 부록인 「신증동요」의 본문에 '갑슐 이월 쵸팔일'(甲戌 二月 初八日)이란 말이 있는데, 이것은 곧 1874년 2월 8일로 순종이 태어난 날이다. 그리고 「신증동요」의 끝에 '셰경진국츄셕동신간(歲庚辰菊秋席洞新刊)'이란 말이 있는데, 이때의 경진은 곧 고종 17년(1880)이다. 즉 「한양가」의 목판본을 제작한 것은 1880년이다. 1844년에 지은 「한양가」가 1880년에 와서 서울 석동(席洞)의 어떤 방각본 업자의 손에 의해 판각되었던 것이다.

1844년에 「한양가」를 지은 사람은 오로지 한산거사라고만 알려져 있을 뿐 일체 다른 정보는 없다. 송신용은 「한양가」 주해본의 발문에서 다음과 같이 말하고 있다.

> 그러나 종시 유감(遺憾)되는 바는 원저자 한산거사가 누구인지 모르는 것인데 필자의 추측으로는 『소대풍요(昭代風謠)』 『풍요속선(風謠續選)』 『풍요삼선(風謠三選)』에 든 인사 중의 한 사람이나 또는 그의 후예가 아닌가 상상하는 바는 이 책의 가구(歌句) 중에 액정서(掖庭署)의 찬양(讚揚)이 일층(一層) 더 나은 것을 읽을 때에 그렇게 짐작이 되며, 또 전체의 문장이 평이하면서도 화려 장엄(莊嚴)하고 쾌활쇄락(快活灑落)하여 태평성세(泰平聖世)로 찬송하는 중에 편파적(偏跛的) 경향이 없어 낙토낙민(樂土樂民) 됨을 주로 한 데 대하여 심심(深深)한 감명을 느끼는 바이며, ……

누구라고 확정하지는 못하지만 『소대풍요』 『풍요속선』 『풍요삼선』에 실린 시인 중의 한 사람이나 그 후손으로 추측하는 것인데, 전혀 근거가 없지는 않다. 물론 『소대풍요』는 1737년에, 『풍요속선』은 1797년에 편집된 것이라 19세기 인물인 한산거사와는 전혀 상관이 없다. 1857년에 엮어진 『풍요삼선』에 그 이름이 있을지는 모르지만 누구라고 지적할 수는 없는 일이다. 그럼에도 불구하고 이 시선집을 엮은 층과 일정한 상관이 있을 가능성은 있다.

왜냐하면 「한양가」의 내용을 보건대, 당시 서울 사람이 아니고서는 도

저히 알 수 없는 궁정과 관부(官府), 시정의 세세한 모습을 그리고 있는 바, 따라서 작자는 궁정이나 관부 소속의 인물로 생각된다. 또 「한양가」는 매우 특이한 제재를 다루고 있는데, 이른바 '승전(承傳)놀음'이 그것이다. 승전놀음은 「한양가」의 가치가 여기에 있다고 할 정도로 중요한 부분인데, 이 놀음을 벌이는 주체는 다름 아닌 별감(別監)들이다. 별감은 액정서(掖庭署) 소속의 잡직(雜職)으로 양반이 아니고 상민도 아닌 서울의 중간층을 이루는 부류들이다. 요컨대 승전놀음이란 별감과 불가분의 관계에 있는 것이고, 사실 양반이나 그 이하 상민들의 경우, 이 놀음에 대해서 소상히 알지 못함은 당연한 것이다. 곧 승전놀음에 대해서 이렇게 소상하게 자신 있는 어조로 말할 수 있다는 것은, 바로 「한양가」의 작자가 별감이거나 별감과 동질적인 부류임을 의미한다고 할 것이다.

별감의 사회신분적 지위란 넓게 보아 서리(書吏)나 기술직중인(技術職中人), 시전상인(市廛商人) 등 서울의 중간층과 동등하다. 『소대풍요』『풍요속선』『풍요삼선』에 실린 시인들과 또 이 시선집(詩選集)을 엮었던 부류는 곧 기술직중인과 서울의 각 관아(官衙)의 서리와 하예(下隷) 등이다. 이들과 별감은 신분상 차이가 없다. 또 「한양가」란 가사가 꽤나 유식한, 즉 일정한 문식(文識)을 가진 사람이 쓴 것임을 생각한다면, 『소대풍요』 등의 여항시선집(閭巷詩選集)에 시를 싣는 부류가 아니면 저술할 수가 없다는 것이 송신용의 생각으로 짐작된다. 대체로 송신용의 소론은 추측이지만, 그럴 만한 근거를 갖고 있는 것이다. 요컨대 「한양가」의 작자는 서울의 중간부류로 짐작되는 것이다.

3.「한양가」의 내용과 가치

1844년에 이 작품이 쓰인 것이니, 대체로 19세기 전반 서울 문화에 대한 보고서라 할 만하다. 다만 작품을 이끌어가는 기본적인 정조는 낙관적이다. 흔히 1844년, 곧 19세기 중반이면 이미 건국 이후 4세기를 지난 늙은 왕조가 노정하는 모순과 그리고 그 모순을 심화시켰던 세도정치(勢道政治)로 대표되는, 무언가 노쇠하고 우울한 왕조의 말기를 연상하지만, 이 가사의 작자는 19세기 전반의 서울에서 가장 빛나고 찬란한 왕조문화의 전성기를 보고 있는 것이다. 문제는 현재의 시각이다. 대체로 국문학이나 국사학계의 19세기에 대한 시각은 이러하다. 즉 19세기는 18세기의 진보적 사회개혁 프로그램인 실학(實學)이 쇠퇴하고, 극소수 양반세력에게 정치권력이 독점됨으로써, 곧 세도정치가 성립함으로써 사회의 모순을 더 심화시킨 시기라는 것이다. 물론 타당한 논의다. 그럼에도 불구하고 이런 시각을 견지한다면, 사회와 문화의 여러 양상들을 너무나 일면적으로만 보는 것이 아닌가 한다. 즉 이 시각을 견지한다면, 다음과 같은 사실들, 즉 세도정치에도 불구하고 또 누적되는 사회모순에도 불구하고, 그 사회 속에서 인간이 살았다는 것, 그 인간들 역시 유쾌하면서도 고통스러운 삶을 살았다는 사실을 쉽게 망각하게 한다는 것이다. 이런 시각을 교정한다면,「한양가」는 19세기의 우울한 이미지를 걷어내고 발랄하고 유쾌했던 사회의 분위기를 짐작하는 데 상당한 도움이 될 것이다.

이 점을 전제하고 다음에서 이 작품의 내용을 간단히 검토해 보자.「한양가」는 대체로 다음과 같은 순서로 구성되어 있다.

(가) 서울의 지리적 위치
(나) 궁궐의 모습
(다) 각 관청
(라) 시전(市廛)
(마) 승전(承傳)놀음
(바) 능행(陵幸)
(사) 과거(科擧)

(가) 서울의 지리적 위치

「한양가」는 '텬기 지벽(天開地闢)ᄒᆞ니 일월(日月)이 싱겨셔라'로부터 시작한다. 천개지벽, 즉 세계의 시초부터 시작해서 온갖 생물과 인간이 태어나고 산과 강이 생겨난 이후 중국 곤륜산의 한 줄기가 조선으로 이어져 백두산을 이룬다. 그리고 그 백두산의 봉우리가 함경도 경기도를 거쳐 도봉산 삼각산까지 이어지고, 북악(北岳)과 남산, 타락산과 길마재 사이에 서울이 자리를 잡는다. 강원도 금강산은 외청룡, 황해도 구월산은 외백호, 제주의 한라산은 외안산, 적성의 감악산은 후장(後墻)을 삼는다고 한다. 끝으로 한강이 외각을 둘러 흐르는 한양이야말로 하늘이 낸 왕도라고 말한다.

하늘이 내신 왕도(王都) 해동(海東)의 으뜸이라
국호(國號)는 조선(朝鮮)이요, 도읍(都邑)은 한양(漢陽)이라
단군(檀君)의 구속(舊俗)이요, 기자(箕子)의 유풍(遺風)이라
의관도 화려하고 문물(文物)도 거룩하다

서울이야말로 문명의 찬란한 도시라는 것, 이것이 「한양가」 전체 서술을 이끌어나가는 낙관적 정조다.

(나) 궁궐의 모습

다음은 경복궁(景福宮) 창덕궁(昌德宮)과 창경궁(昌慶宮) 등 궁궐에 대한 화려한 서술이 이어진다. 상당히 세세한 묘사도 이어진다.

어로(御路) 한가운데 쌍봉(雙峰) 공작(孔雀) 새겼어라
전각(殿閣)마다 한가운데 세층보탑(寶榻) 높이 무고
중앙의 닫집 무어 아로새겨 단청(丹靑)하고
오봉산(五峰山) 일월병풍(日月屛風) 해도(海島)는 몇 만린고
오봉이 솟았으니 해가 돋고 달 돋는다
한편의 보불병풍(黼黻屛風) 엄위(嚴威)한 그린 도끼
제간거흉(除奸去凶) 하는 기상 제왕(帝王)의 위엄이요
한편 병풍 그렸으되 칠월편(七月篇) 경직도(耕織圖)를
자세히 그렸으니 시민여상(視民如傷)하는 덕택
구중궁궐 깊은 곳에 어이 알아 그리셨노
기둥마다 명도(明圖) 부처 달사총(達四聰)하시는고

이런 궁궐의 내부에 대한 묘사는 궁궐에 일상적으로 출입하는 사람이 아니면 불가능한 것이다. 계속해서 무예청(武藝廳)을 위시한 궁정의 호위무사(護衛武士)에 대한 서술과 궁녀, 곧 나인의 옷차림과 역할에 대한 상세한 서술이 이어진다. 이어 궁중에 설치된 각 관아 중에서 임금의 비서기관인 승정원과 자문기관인 홍문관(弘文館), 그리고 대궐과 왕을 호위하는 무반직인 별군직(別軍職)・선전관(宣傳官) 등에 대한 서술이 한참 이어진다.

(다) 각 관청

양반관료국가의 수도에 걸맞게 「한양가」는 의정부를 시작으로 하여 서울의 각 관아를 지루할 정도로 상세하게 서술한다. 의정부에 이어 훈련

도감(訓練都監), 금위영(禁衛營), 어영청(御營廳), 총융청(摠戎廳), 용호영(龍虎營) 등의 오군영(五軍營)과 좌우 포도청(捕盜廳)에 대해 서술하고, 이어 한성부(漢城府), 오부(五部), 평시서(平市署), 의금부(義禁府), 이(吏)·호(戶)·예(禮)·병(兵)·형(刑)·공(工)의 육조(六曹) 등 수많은 관청이 소개된다.

대개 서술은 각 관청의 고유한 업무를 요약하는 식으로 이루어진다.

중추부(中樞府) 영판부(領判府)는 추밀사(樞密事) 되어 있고
홍문관(弘文館) 대제학(大提學)은 문장제술(文章製述) 문형(文衡)이요
성균관(成均館) 대사성(大司成)은 국자선생(國子先生) 되어 있고
사간원(司諫院) 사헌부(司憲府)는 직언극간(直言極諫) 엄숙하다
사시제향(四時祭享) 봉상시(奉常寺)며 우양고시(牛羊羔豕) 전생서(典牲署)며
어보(御寶)차지 상서원(尙瑞院)과 의대진배(衣襨進排) 상의원(尙衣院)과
수라백미(水剌白米) 사도시(司導寺)와 금은보패 내탕고(內帑庫)며
기용병장(器用屛帳) 내수사(內需司)와 각색 지속(紙屬) 장흥고(長興庫)와
채소 공상(供上) 사포서(司圃署)며 해물공상(海物供上) 사재감(司宰監)과
실과(實果) 진배(進排) 장원서(掌苑署)와 등유(燈油) 진배 내섬시(內贍寺)며
약물(藥物) 대령 약방(藥房)이며 각색 공상(供上) 공상청(供上廳)과
재목(材木) 맡은 수어청(守禦廳)과 군량 맡은 양향청(糧餉廳)과
의장(儀仗) 기명(器皿) 제용감(濟用監)과 사기(砂器) 어선(御膳) 사옹원(司饔院)과
백관반록(百官頒祿) 광흥창(廣興倉)과 군병방료(軍兵放料) 군자감(軍資監)과
제가시서(諸家詩書) 승문원(承文院)과 척신공의(戚臣功議) 돈녕부(敦寧府)며
시지(試紙) 자문(咨文) 조지서(造紙署)며 칙사(勅使)대접 예빈시(禮賓寺)며
천문(天文) 택일(擇日) 관상감(觀象監)과 민간질병 활인서(活人署)며
청학(淸學) 왜학(倭學) 사역원(司譯院)과 의학주장(醫學主掌) 전의감(典醫監)과
종실선파(宗室璿派) 종친부(宗親府)와 도위(都尉) 첨위(僉尉) 의빈부(儀賓府)며

불망공신(不忘功臣) 충훈부(忠勳府)와 양로조신(養老朝臣) 기로서(耆老署)라
설관(設官) 분직(分職) 하였으니, 임현사능(任賢使能) 거룩하다.

이처럼 간략하게 관청의 특징을 열거하지만 때로는 특정 관청의 세부적인 모습을 그리기도 한다. 예컨대 병조판서의 출입시 모습을 이렇게 묘사하고 있다.

호기 있는 대사마(大司馬)는 백보 밖에 인배(引陪) 세고
건장한 뇌자(牢子) 기수(旗手) 원앙진(鴛鴦陣) 작대(作隊)하여
쌍쌍이 벽제(辟除) 소리 날래고도 영열(英烈)하다
외바퀴 높은 초헌(軺軒) 키 큰 구종(驅從)들이
손을 들어 밀어갈 제 좌우의 색구(色驅) 견배(牽陪)
호한(豪悍)한 별배(別陪)들이 날개로 벌여 서서
세층 벽제(辟除) 소리 기구(器具)도 엄위(嚴威)할사

이런 부분은 다른 문헌에서 찾을 수 없는 「한양가」만의 독특한 것이다.

(라) 시전(市廛)

조선후기 시전에 대한 상세한 묘사는 「한양가」가 거의 유일한 것이다. 그 서두는 이렇다.

팔로(八路)를 통하였고 연경(燕京) 일본 닿았구나
우리나라 소산들도 부끄럽지 않건마는
타국 물화(物貨) 교합(交合)하니 백각전(百各廛) 장할시고

「한양가」의 시전 부분은 조선 팔도와 중국 일본의 수입물품이 팔리고 있던 시전의 모습을 노래한다. 칠패(七牌)의 생선전(生鮮廛), 각색 과일을

파는 남문 안 큰 모전(毛廛), 쌀을 파는 싸전인 상미전(上米廛)을 소개하고, 이어 육주비전을 소개하는데, 면포를 파는 백목전(白木廛), 종이를 파는 지전(紙廛), 포(布)를 파는 베전(곧 苧布廛), 청포를 비롯한 중국 일본에서 수입한 피륙을 파는 청포전(靑布廛), 비단을 파는 선전(縇廛), 각종 어물을 파는 어물전(魚物廛)이 그것이다. 그리고 각종 장도와 패물을 파는 도자전(刀子廛)과 광통교 근처의 그림 파는 가게를 소개한다.

이것들은 다른 데서 찾을 수 없는 19세기 상업사의 중요한 자료이기도 하다. 또 각종 팔리는 물건들을 열거하고 있는 바, 이것들을 통해 서울 시민의 일상적 소비물을 짐작할 수 있는 것이다.

> 청포전(靑布廛) 살펴보니 당물화(唐物貨)가 벌여 있다
> 중침(中針) 세침(細針) 수바늘과 다홍삼승(三升) 청삼승(靑三升)과
> 녹전(綠氈) 홍전(紅氈) 분홍전(粉紅氈)과 삼승고약(三升膏藥) 공단고약(貢緞膏藥)
> 감투 모자 회회포(回回布)와 민강(閩薑) 사당(沙糖) 오화당(五花糖)과
> 연환당(軟環糖) 옥춘당(玉春糖)과 가진 당속(糖屬) 벌여 있다

대개 중국에서 수입되어 시정에서 팔리는 약과 사탕 등도 이 자료가 아니면 볼 수 없는 것이다. 또 광통교 부근의 그림 판매처는 「한양가」에 거의 유일하게 보이는 중요한 자료다.

> 광통교(廣通橋) 아래 가게 각색 그림 걸렸구나
> 보기 조은 병풍차(屛風次)의 백자도(百子圖) 요지연(瑤池宴)과
> 곽분양(郭汾陽) 행락도(行樂圖)며 강남금릉(江南金陵) 경직도(耕織圖)며
> 한가한 소상팔경(瀟湘八景) 산수도 기이하다
> 다락벽 계견사호(鷄犬獅虎) 장지문 어약용문(魚躍龍門)
> 해학반도(海鶴蟠桃) 십장생(十長生)과 벽장문차 매죽난국(梅竹蘭菊)

횡축(橫軸)을 볼작시며 구운몽(九雲夢) 성진(性眞)이가
팔선녀(八仙女) 희롱하여 투화성주(投花成珠) 하는 모양
주(周)나라 강태공(姜太公)이 궁팔십(窮八十) 노옹(老翁)으로
사립(簑笠)을 숙여 쓰고 곧은 낚시 물에 넣고
때 오기만 기다릴 제 주문왕(周文王) 착한 임금
어진 사람 얻으려고 손조 와서 보는 거동
한(漢)나라 상산사호(商山四皓) 갈건야복(葛巾野服) 도인(道人) 모양
네 늙은이 바둑 둘 제 제세안민(濟世安民) 경영(經營)이라
남양(南陽)의 제갈공명(諸葛孔明) 초당(草堂)에 잠을 겨워
형익도(荊益圖) 걸어놓고 평생을 아자지(我自知)라
한소열(漢昭烈) 유황숙(劉皇叔)이 삼고초려(三顧草廬) 하는 모양
진처사(晉處士) 도연명(陶淵明)은 오두미(五斗米) 마다하고
팽택령(彭澤令) 하직하고 무고송이반환(撫孤松而盤桓)이라
당학사(唐學士) 이태백(李太白)은 주사(酒肆) 청루(靑樓) 취하여서
천자호래불상선(天子呼來不上船)을 역력히 그렸으며
문에 부칠 신장(神將)들과 모대(帽帶)한 문비(門裨)들을
진채(眞彩) 매여 그렸으니 화려하기 측량없다.

이 자료를 통해 우리는 19세기 서울 시민이 선호했던 그림의 종류를 알 수 있는 것이다. 그런가 하면 다음과 같은 열립군의 묘사도 여기에 등장하는 것이다.

큰광통교(廣通橋) 넘어서니 육주비전(六注比廛) 여기로다
일 아는 여립군(列立軍)과 물화 맡은 전시정(廛市井)은
큰창옷에 갓을 쓰고 소창옷에 한삼(汗衫) 달고
사람 불러 홍정할 제 경박하기 측량없다

여립군에 관해 묘사하고 있는 이 부분은 다른 곳에서 찾을 수 없는 것이다. 이런 점에서 「한양가」는 다른 데서 볼 수 없는 상업사의 중요한 자

료를 제공한다고 하겠다.

(마) 승전(承傳)놀음

「한양가」의 가장 독특한 부분에 해당하는 것이 바로 이 부분이다. 승전놀음에 대해 잔뜩 열거하고 있는데, 이것은 조선후기의 어떤 문헌에도 찾을 수 없는 것이다. 또 서울 시민의 유흥문화 자체에 대한 언급이 여기에 처음 보이는 것이기도 하다.

장안소년 유협객(遊俠客)과 공자(公子) 왕손(王孫) 재상자제(宰相子弟)
부상대고(富商大賈) 전시정(廛市井)과 다방골 제갈동지(諸葛同知)
별감(別監) 무감(武監) 포도군관(捕盜軍官) 정원사령(政院使令) 나장(羅將)이라.
남북촌(南北村) 한량(閑良)들이 각색 놀음 장할시고
선비의 시축(詩軸)놀음, 한량(閑良)의 성청(成廳)놀음
공물방(貢物房) 선유(船遊)놀음, 포교(捕校)의 세찬(歲饌)놀음
각사(各司) 서리(書吏) 수유(受由)놀음, 각집 겸종(傔從) 화류(花柳)놀음
장안의 편사(便射)놀음, 장안의 호걸(豪傑)놀음
재상(宰相)의 분부(分付)놀음, 백성(百姓)의 중포(中脯)놀음.
각색 놀음 벌어지니 방방곡곡 놀이철(處)다.

위의 서술은 서울의 각 신분 부류에 따라 각기 유흥의 종류가 달랐음을 말하고 있다. 물론 위에서 열거한 놀음의 종류 대부분은 그 구체적 내용이 미상인 바, 앞으로 밝혀야 할 부분인 것이다. 아울러 「한양가」는 이어서 서울 시내의 놀이처를 소개하는바 이것도 이렇게 모여서 제시되는 것은 「한양가」가 처음이다.

놀이처 어디멘고 누대(樓臺) 강산(江山) 좋을시고

조양루(朝陽樓) 석양루(夕陽樓)며, 명선루(明宣樓) 춘수루(春水樓)와
홍엽정(紅葉亭) 노인정(老人亭)과, 송석원(松石園) 생화정(生花亭)과
영파정(暎波亭) 춘초정(春草亭)과, 장유헌(壯猷軒) 몽답정(夢踏亭)과
필운대(弼雲臺) 상선대(上仙臺)와, 옥류동(玉流洞) 도화동(桃花洞)과
창의문(彰義門) 밖 내달아서 탕춘대(蕩春臺)와 세검정(洗劍亭)과
옥천암(玉川庵) 석경루(石逕樓)와 한북문(漢北門) 진관(津寬)이며
경강정(景江亭) 내달아서 창랑정(滄浪亭) 압구정(狎鷗亭)과
족한정(足閑亭) 탁영정(濯纓亭)과 별영(別營) 안 읍청눌(挹淸樓)다.

이후에 길게 이어지는 것은 이른바 승전놀음이다. 승전이란 말은 임금의 뜻을 전한다는 뜻이지만, 별감의 놀음이 왜 승전놀음이란 뜻을 갖게 되었는지는 미상이다. 어쨌든 이 승전놀음이란 명사와 그 구체적 놀음의 방식에 대해서는 이 「한양가」가 유일한 문헌이다.

먼저 놀음이 벌어진 북일영(北一營) 군자정(君子亭)의 화려한 치장이 그려지고, 이어 1백 명 별감들의 화려한 복색이 묘사된다.

별감의 거동 보소. 난번별감(番別監) 백여 명이
맵시도 있거니와 치장(治粧)도 놀라울사
편월(片月)상투 밀화(蜜花)동곳 대자(大字)동곳 섞어 꽂고
곱게 뜬 평양망건(平壤網巾), 외점박이 대모관자(玳瑁貫子)
상의원(尙衣院) 자지팔사(紫地八絲) 초립(草笠) 밑에 팔괘(八卦) 놓고
남융사(藍絨絲) 중두리에 오동(烏銅) 입식(笠飾) 껴서 달고
손뼉 같은 수사(繡紗)갓끈 귀를 가려 숙여 쓰고
다홍생초(茶紅生綃) 고운 홍의(紅衣) 숙초창의(熟綃氅衣) 받쳐 입고
보라누비 저고리에 외올뜨기 누비바지
양색단(兩色緞) 누비배자(褙子) 전배자(氈褙子) 받쳐 입고
금향수주(錦香繡紬) 누비토수(吐手) 전토수(氈吐手) 받쳐 끼고

이런 묘사는 한참을 더 이어지는데, 이것은 별감의 복색을 재구성하는 중요한 자료가 될 뿐만 아니라 조선후기 남성 복색의 유행을 짐작케 하는 중요한 자료가 된다.

이어서 금객(琴客) 가객(歌客), 거문고와 노래의 명인, 동원된 악기 종류가 열거된다. 다음에 기생의 등장이다. 기생의 복색을 소개하고 기생의 이름을 소개하는 부분이 있다. 그리고 기악과 성악의 연주, 춤 등을 소개한다. 이런 부분은 조선후기 음악의 연주 상황을 묘사하고 있다는 점에서 대단히 중요한 자료가 된다.

(바) 능행(陵幸)

그 다음 이어지는 것이 수원 능행이다. 앞에서 언급한 바와 같이 1843년 헌종이 건릉과 현륭원을 배알했을 때를 묘사한 것이다.

주교를 매는 장면을 상세히 묘사하는 것 역시 여기에 거의 유일하게 보이는 것이다.

주교대장(舟橋大將) 전령(傳令)하여 주교(舟橋)를 신칙한다
전세(田稅) 대동(大同) 싣는 배와 두대박이 외대박이
당도리 먼정이며 중거루 낚거루를
십리장강 너른 물에 머리맡에 늘어세고
선장(船匠)이며 지위목수(指揮木手) 주야로 일을 할 제
주교별장(舟橋別將) 군복 하고 이리 가며 저리 가며
등패(等牌)를 영통(領統)하여 결곤(結梱) 신칙 일을 몬다
배 위에 장송(長松) 깔고 장송 위에 박송(薄松) 깔고
그 위에 모래 펴고 모래 위에 세사(細沙) 펴고
그 위에 황토 깔고 좌우에 난간 짜고
팔뚝 같은 쇠사슬로 배머리를 걸어매고
양끝에 홍전문(紅箭門)과 한가운데 홍전문에

홍기(紅旗)를 높이 꽂고 좌우의 뱃사공은
청의(靑衣) 청건(靑巾) 남전대(藍纏帶)에 오색기(五色旗) 손에 들고
십리 주교 벌였으니 천승군왕(千乘君王) 위의로다
주교대장 주교별장 신칙호령 엄위(嚴威)하다

이하 능행에 동원되는 군영과 각 군영의 표지, 그리고 능행 순서에 따른 각 군영의 역할 등이 상세히 묘사된다. 능행에 자료는 더러 있지만, 「한양가」처럼 상세하고 구체적인 것은 없다.

(사) 과거(科擧)

「한양가」가 맨 마지막으로 서술하고 있는 것은 과거다. 서술 순서는 다음과 같다. 능행에서 돌아온 임금이 과거령(科擧令)을 내리자, 선비들이 모여서 과거를 치르고, 성적을 매겨 합격자를 정하고, 이어 합격자에게 임금이 어사화(御賜花)를 꽂아주자 사은(謝恩)하고 나와서 유가(遊街)를 하며 즐거워한다. 과거 부분에서 가장 중요한 것은 과거의 제도에 관한 서술이 아니라, 과거를 치르는 장면에 대한 구체적인 묘사다. 예컨대 과거장에 들어가는 것, 즉 부문(赴門)하는 장면을 보면 이러하다.

집춘문(集春門) 월근문(月覲門)과 통화문(通化門) 홍화문(弘化門)에
부문(赴門)을 하는구나 건장한 선접군(先接軍)이
짜른 도포(道袍) 제처 매고 우산에 공석(空席) 싸고
말뚝이며 말장이며 대로 만든 등(燈)을 들고
각색 글자 표를 하여 등을 보고 모여 섰다
밤중에 문을 여니 각색 등(燈)이 들어온다
줄불이 펼쳤는 듯 새벽별이 흐르는 듯
기세는 백전(白戰)일세 빠르기도 살 같도다
현제판(懸題板) 밑 설포장(設布場)에 말뚝 박고 우산 치고

휘장 치고 등을 꽂고 수종군(隨從軍)이 늘어서서
접(接)마다 지키면서 엄포가 사나울사
그 외에 약한 선비 장원봉(壯元峰) 기슭이며
궁장(宮墻) 및 생강 밭에 잠복 치고 앉았으니
등불이 조요(照耀)하니 사월팔일 모양이라

과거장에 들어가는 장면을 묘사한 이런 부분은 과거의 실례를 보여준다는 점에서 다른 곳에서 찾을 수가 없는 것이다. 또 다음과 같은 부분 역시 부정행위인 대필(代筆), 대사자(代寫者)의 대동이 만연했던 과거장의 모습을 증언하는 귀중한 자료다.

어악(御樂)이 일어나며 모대(帽帶)한 환시(宦侍)네가
어제(御製)를 고이 들고 현제판(懸題板) 임하여서
홍마삭(紅麻索) 끈을 매어 일시에 올려 다니
만장중(滿場中) 선비들이 붓을 들고 달아난다
각각 제 접(接) 찾아가서 책행담(冊行擔) 열어놓고
해제(解題)를 생각하여 풍우(風雨)같이 지어내니
글 하는 거벽(巨擘)들은 귀귀(句句)이 읊어내고
글씨 쓰는 사수(寫手)들은 시각을 못머문다

거벽과 사수가 곧 대필자, 대사자인 것이다. 이미 타락할 대로 타락한 19세기의 과거장의 모습을 생생하게 그리고 있다는 점에서 「한양가」는 대단히 중요한 작품이다.

과거에 대한 서술이 끝나면 다음과 같은 결사(結詞)가 있다.

삼왕(三王)적 일월(日月)이요, 오제(五帝)적 건곤(乾坤)이며
문무(文武)적 문명(文明)이오, 한당(漢唐)적 문치(文治)로다
……

태고시절(太古時節) 못보거든 우리 세계 자세 보소
이런 국도(國都) 이런 세상 자고급금(自古及今) 또 있으랴
엎드려 비나이다 북극전(北極殿)에 비나이다
우리나라 우리 인군(人君) 본지백세무강휴(本枝百世無疆休)를
여천지(與天地)로 해로(偕老)하게 비나이다 비나이다

19세기 중반의 서울과 조선을 이상국가처럼 묘사하고 있다. 이것이 「한양가」를 관통하는 작가의 의식이다.

4. 주해에 관하여

「한양가」는 3종류의 주해본이 있다. 처음 이루어진 주해본은 앞서 언급한 송신용의 주해본이다. 1949년에 정음사에서 정음문고(正音文庫)의 하나로 간행한 것이다. 이 주해본은 최초의 것이고, 또 대단한 정성을 쏟은 것이지만, 현재로서는 상당히 낡은 것이기도 하다. 그러나 최초의 주해본이니 그를 기리는 점에서 주해본의 발문 일부를 인용하겠다.

우연히 삼백여 년 전의 국문서책을 읽다가 난해(難解) 난석(難釋)의 어구가 많음을 발견하고는, 근대 문헌은 그렇잖으리라는 생각으로 다시 이 책(「한양가」를 가리킨다 : 필자)을 재독하여 보았다. 불과 백유오년(百有五年)이 경과한 오늘에 이르러 소멸되어 없어진 말이라든지, 변경된 말이 너무나 많아서 답답하던 중 다시 생각한즉 또 몇 십 몇 백 년을 지내면 다시 알고자 하나 알 도리가 없을 것이겠기로, 고루(孤陋) 천식(淺識)임을 불고하고 비로소 주해에 착수하여 문헌에서 수집할 수 있는 것은 수집하였으나, 이 밖에는 노인 또는 학자며 각기 그 방면에 경력 있는 분을 찾기도 하였던 것이다.

송신용의 주해는 이렇게 하여 시작된 것이다. 그는 문헌에서 찾을 수 없는 난해처가 허다하다 하여, "예전 동상전(東床廛)에서 종사하던 분과 어학의 조예가 있는 선생님, 전자(前者) 관직(官職)에 있던 이, 목수, 상고(商賈) 등 또는 실지 답사 여러 가지 방법을 밟아 수집하였으나, 감해 내놓을 용기가 없었다"고 한다. 그러던 중 '칠실등야(漆室燈夜)'의 격으로 서은(西隱) 장홍식(張鴻植) 선생의 지도로 '다시 알 길이 없던 것을 밝혀내게' 되었던 것이다.

이 부분에 특히 주목할 필요가 있는데, 장홍식(1864~?)은 구한말 1895년 4월부터 1910년 8월 한일합방 때까지 내각주사(內閣主事)로 근무한 인물로 조선의 제도에 대해 해박한 지식을 갖춘 인물이었던 것이다. 「한양가」는 사전만으로 해결되지 않는 부분이 허다한 바, 이것을 보완하기 위해 송신용은 구한말 관제(官制)를 경험한 장홍식이나 혹은 조선시대에 온갖 잡화를 팔던 동상전(東床廛)의 상인에게 자문할 필요가 있었던 것이다. 예컨대 승정원의 사령(使令)이 일반적으로 생각하는 미천한 관서의 하예(下隷)가 아니라, 상당한 문식이 있어 사초(史草)의 많은 부분을 그들이 기록하였다는 자료는 오로지 장홍식의 증언만이 남아 있는 것이다.

이 외에도 송신용이 목수나 상고(商賈)라고 말한 사람들 역시 중요한 증언을 남긴 것으로 생각된다. 송신용이 「한양가」를 주해하던 1940년대만 하더라도 조선조의 인문을 경험한 노인들이 적잖이 남아 있어 송신용의 질문에 답하였고, 그것이 이 주해본 속에 녹아 있는 것이다. 대개 사전을 찾아보아 더 이상의 출처를 알 수 없는 주해들은 이렇게 만들어진 것일 터이다.

송신용 주해본의 뒤를 잇는 것이 박성의(朴晟義) 주해본이다. 박성의 주해본은 「농가월령가(農家月令歌)」와 함께 묶여 『농가월령가・한양가』(한국고전문학대계7, 민중서관, 1961)란 이름으로 간행되었다. 박성의 주해본은 송신용 주해본을 대본으로 삼았다고 스스로 밝히고 있다. 주해는 송신용 주해본을 대본으로 삼았기에 송신용의 주해를 상당 부분 참고, 수용한 것이다. 하지만 송신용 주해본이 지나치게 본문을 원전 그대로 노출시키고, 주해 역시 매우 난삽한 데 반해, 박성의 주해본은 본문을 현대어로 옮기고 주해 역시 송신용에 비해 상대적으로 쉽게 읽을 수 있다. 하지만 주해의 내용이 송신용 주해본에 비해 발전된 것이라고는 말할 수 없다. 이것은 주해자의 오류가 아니라, 사실상 20세기에 와서 국고(國故)에 대한 지식, 곧 문헌을 통해서는 알 수 없는, 한국의 과거 문화에 대한 지식이 급격하게 소멸한 데 원인이 있는 것으로 보인다. 현재는 박성의 주해본마저 한자를 알지 못하는 세대들에게는 거의 무용지물이 되었다.[1] 현재의 대학생들은 박성의 주해본을 읽을 수 없을 것이다. 새로운 주해본이 필요한 것이다.

이 주해본의 대본은 고려대 육당문고 소장의 목판본으로 한다. 이 책의 주해는 송신용, 박성의, 이석래 세 분의 주해에서 취할 것은 취하고, 기타 사전 등을 이용하여 보다 상세한 주해를 가하고자 하였다. 그러나 여전히 알지 못하는 것이 남아 있고, 또 주해를 했으되 분명하지 못한 것이 있다. 송신용이 주해를 할 때는 물어볼 고로(古老)들이라도 있었지만 이제는 그나마 그런 분조차 아주 없으니, 앞으로 보다 상세한 주해는 참으로 걱정거리가 아닐 수 없다. 앞으로 보다 나은 주해자가 나오기를 간절히 기대한다.

참고로 주해의 방식에 대해 간단히 밝혀둔다. 주해본에는 의미에 따라 행을 조정하고, 단락을 적당히 끊었다. 중간에 1행씩 빈 것은 의미상 단락을 구분한 것이다.

---

1) 이 외에 이석래의 주해본(『풍속가사집-한양가・농가월령가』, 신구문화사, 1974)이 있는데, 역시 송신용 주해본의 주해 수준을 크게 넘어서지 않는다.

제2장 주해

「한양가」(고려대 목판본)

천개지벽(天開地闢)[1]하니 일월(日月)이 생겼어라
성신(星辰)이 광휘(光輝)하니 오행(五行)이 되었어라
초목곤충(草木昆蟲) 생겨날 제 인물이 번성하다
오악(五嶽)[2]이 용발(聳拔)[3]하고 사독(四瀆)[4]이 광활한데
곤륜산(崑崙山)[5] 일지맥(一支脈)이 동해(東海)로 들어올 제
행룡(行龍)[6]은 기만리(幾萬里)며 구비는 몇 구빈고
백두산(白頭山) 기봉(起峰)하여 함경도 넘어서서

---

1) 천개지벽(天開地闢) : 하늘과 땅이 처음 열림.
2) 오악(五嶽) : 중국의 다섯 명산. 중앙의 숭산(崇山), 동쪽의 태산(泰山), 서쪽의 화산(華山), 남쪽의 형산(衡山), 북쪽의 항산(恒山). 우리나라의 오악은 금강산·묘향산·지리산·백두산·삼각산이라 한다.
3) 용발(聳拔) : 우뚝 솟음.
4) 사독(四瀆) : 중국에 있는 네 개의 큰 강, 즉 양자강(揚子江)·황하강(黃河江)·회수(淮水)·제수(濟水)를 말함.
5) 곤륜산(崑崙山) : 티벳 고원 북쪽에 있는 산. 중국의 대부분의 산은 곤륜산맥에서 시작됨.
6) 행룡(行龍) : 발원지가 되는 산에서 높았다 낮았다 하면서 뻗어나간 산맥의 형세. 풍수지리설의 용어. 용(龍)은 곧 산맥을 말함.

강원도 내달아서 경기(京畿)로 돌아들 제
북극(北極)을 받쳤는 듯 부용(芙蓉)[7]을 깎았는 듯
도봉(道峯)[8]에 머물러서 층층(層層)이 오는 기세
군선(群仙)이 모였는 듯 아홀(牙笏)[9]이 벌였는 듯[10]
삼각산(三角山) 일떠설[11] 제 천년을 경영인가
만년을 경영(經營)인가 호거룡반(虎踞龍盤)[12] 기이하다

북악(北岳)이 입수(入首)[13] 되고 종남산(終南山)[14] 안산(案山)[15]일다
청룡(青龍)[16]은 타락(駝駱)[17]되요 백호(白虎)[18]는 길마재[19]라

---

7) 부용(芙蓉) : 연꽃.

8) 도봉(道峯) : 곧 서울의 도봉산을 이름.

9) 아홀(牙笏) : 상아로 만든 홀(笏). 홀은 신하가 임금을 뵐 때 오른 손에 쥐던 패(牌). 원래 잊지 않기 위해 글을 적어 두는, 메모를 위한 용도였다고 함. 1품에서 4품 관원은 상아로 만든 아홀을, 5품 이하는 나무로 만든 목홀(木笏)을 지님.

10) 벌였는 듯 : 벌여 있는 듯.

11) 일떠설 : '일떠서다'는 힘차게 일어선다는 뜻이다.

12) 호거룡반(虎踞龍盤) : 범이 걸터앉고 용이 서려 있는 듯한 웅장한 산세를 말함.

13) 입수(入首) : 풍수지리설에서 산줄기가 혈(穴)로 이어지는 곳.

14) 종남산(終南山) : 서울의 남산을 말함.

15) 안산(案山) : 풍수지리설에서 집터나 묏자리의 맞은편에 있는 산. 서울의 궁궐이 있는 곳의 맞은편의 산. 남산은 경복궁의 맞은편에 있으므로 경복궁의 안산이 됨.

16) 청룡(青龍) : 풍수지리설에서 주산(主山)에서 남향하여 왼쪽으로 갈려 나간 산줄기를 이르는 말.

17) 타락(駝駱) : 서울 동대문 북쪽, 이화동(梨花洞) 동쪽에 있는 산. 흔히 낙산(駱山)이라고 함.

18) 백호(白虎) : 풍수지리설에서 주산에서 남쪽으로 향하여 오른쪽으로 갈려 나간 산줄기를 이르는 말.

19) 길마재 : 서대문구 현저동(峴底洞)에서 관동(舘洞), 냉동(冷洞)을 지나 마포 공덕리(孔德里)까지 닿은 산. 말의 안장인 길마처럼 생겼다 하여 길마재라 함. 무악재라고도 한다. 한자로는 鞍峴(안현)이라고 씀.

강원도 금강산은 외청룡(外青龍) 되어 있고
황해도 구월산은 외백호(外白虎) 되어 있고
제주의 한라산은 외안(外案)이 되어 있고
적성(積城)[20]의 감악산(紺岳山)[21]은 후장(後墻)[22]이 되어 있고
두미(斗尾)[23] 월계(月溪) 내린 물은 용산(龍山) 삼개[24] 한강 되고
그 물줄기 내려흘러 오두(烏頭)재[25] 합금(合襟)[26]하여
강화(江華)의 마리산이 도수구(都水口)[27] 되었어라
하늘이 내신 왕도(王都) 해동(海東)의 으뜸이라
국호(國號)는 조선(朝鮮)이요, 도읍(都邑)은 한양(漢陽)일다
단군(檀君)의 구속(舊俗)이요, 기자(箕子)의 유풍(遺風)이라
의관도 화려하고 문물(文物)도 거룩하다

여염(閭閻)[28]은 억만가(億萬家)요 성첩(城堞)[29]은 사십 리라

---

20) 적성(積城) : 경기도 파주군 적성면을 이름.
21) 감악산(紺岳山) : 경기도 연천군 남부에 있는 산. 감박산. 원래 적성군에 있었으나 지금은 연천군에 속함.
22) 후장(後墻) : 풍수지리설에서 집터나 묏자리의 뒤를 막았음을 이르는 말.
23) 두미(斗尾) 월계(月溪) : 한강 상류의 두 지류. 두미는 양주군(楊州郡) 와부면(瓦阜面) 능내리(陵內里), 팔당리(八堂里)와 광주군(廣州郡) 동부면(東部面) 배알미리(拜謁尾里), 창우리(倉隅里) 사이에 끼어 있는 한강 상류의 지류. 월계는 양평군(楊平郡) 양서면(楊西面) 신원리(新院里) 용담리(龍潭里) 양수리(兩水里)와 광주군 남종면(南終面) 수청리(水青里), 검천리(檢川里), 귀여리(歸歟里) 사이에 끼어 있는 한강의 지류. 두미에서 20리 상류에 있음.
24) 삼개 : 지금 서울 마포(麻浦)를 이름.
25) 오두(烏頭)재 : 경기도 파주군(坡州郡) 탄현면(炭縣面) 성동리(城洞里)에 있는 산.
26) 합금(合襟) : 옷깃을 합함이라는 뜻. 곧 한데 모임.
27) 도수구(都水口) : 풍수지리설에서 집터나 묏자리의 앞을 물이 둘러막고 있음을 이름.

동편은 종묘(宗廟)[30] 되고 서편은 사직(社稷)[31]일다

경복궁(景福宮)[32] 창덕궁(昌德宮)[33]과 창경궁(昌慶宮)[34] 큰 전각(殿閣)이

반공(半空)에 솟았으니 만호천문(萬戶千門) 깊을세라

인정전(仁政殿) 근정전(勤政殿)[35]은 치민(治民)하는 정전(正殿)[36]이요

희정당(熙政堂)[37] 대조전(大造殿)[38]은 지밀처소(至密處所)[39] 되었어라

영화당(映花堂)[40] 석거각(石渠閣)[41]은 춘당대(春塘臺)[42] 임하였고

---

28) 여염(閭閻) : 민가가 모여 있는 곳.

29) 성첩(城堞) : 성(城)가퀴. 성 위에 나지막이 쌓은 담. '성(城)징두리'라고도 함.

30) 종묘(宗廟) : 역대 왕들의 신위(神位)를 봉안하는 사당. 태조 4년(1395)에 건립하였음.

31) 사직(社稷) : 토지의 신을 사(社), 곡식의 신을 직(稷)이라 하니, 농업을 위주로 하는 국가에서 가장 중요한 신이었음. 따라서 사직이라 하면, 국가를 의미하기도 하고, 또 그 신에게 제사를 지내는 제단을 뜻하기도 함. 대개 동쪽은 사단(社壇), 서쪽은 직단(稷檀)으로 네모 난 터를 사직단이라 하는데 현재 사직공원에 있음.

32) 경복궁(景福宮) : 태조 4년에 건축한 조선의 정궁(正宮). 임진왜란 때 선조가 서울을 떠나자 난민들에 의해 화재로 소실. 이 작품「한양가」가 쓰일 무렵에는 빈 터만 있었고, 고종 2년(1865)에 중건.

33) 창덕궁(昌德宮) : 태종 5년(1404)에 건축한 궁궐. 임진왜란 때 돈화문(敦化門) 외에 모두 소실. 광해군 3년(1611)에 중건.

34) 창경궁(昌慶宮) : 성종 14년(1483)에 수강궁(壽康宮) 터에 정희왕후(貞熹王后), 인수대비(仁粹大妃), 정순왕후(安順王后)를 위해 건축한 궁궐. 임진왜란 때 소실되었다. 광해군 8년(1616)에 중건.

35) 근정전(勤政殿) : 경복궁의 정전.

36) 정전(正殿) : 임금이 임어(臨御)하여 조참(朝參)을 받고 정령(政令)을 반포하고, 외국의 사신을 맞이하는 궁전.

37) 희정당(熙政堂) : 창덕궁의 편전(便殿). 편전은 임금이 평상시에 거처하면서 정사(政事)를 보는 곳.

38) 대조전(大造殿) : 창덕궁의 내전(內殿)을 겸한 침전(寢殿).

39) 지밀처소(至密處所) : 지밀(至密)한 처소. 지밀은 대전(大殿)・내전(內殿)의 임금이 항상 거처하는 곳을 말함.

옥류천(玉流泉)[43] 깊은 곳은 별유천지(別有天地) 되었어라
주(周)나라 영대(靈臺) 영소(靈沼)[44] 못 보와도 여기로다

금원(禁苑)[45]의 기화이초(奇花異草) 구중(九重)[46]에 봄 늦었다
백조(白鳥)는 학학(鶴鶴)[47]하고 우록(麀鹿)[48]은 유복(攸伏)[49]이라
어수당(魚水堂)[50] 맑은 연못 오인어약(於牣魚躍)[51] 하는구나
난전봉루(鸞殿鳳樓)[52] 첩첩하고 학관인각(鶴館麟閣)[53] 층층하다

---

40) 영화당(映花堂) : 창덕궁 후원(後苑)에 있는 누각(樓閣). 숙종 18년(1692)에 지은 건물로 과거장으로 흔히 쓰였음.

41) 석거각(石渠閣) : 창덕궁 후원 영소문(靈沼門) 남쪽에 있는 석거문(石渠門)을 말함.

42) 춘당대(春塘臺) : 창덕궁 후원의 영화당(映花堂) 앞뜰에 있던 대(臺). 이 앞 뜰에서 과거 시험을 치렀음.

43) 옥류천(玉流泉) : 창덕궁 후원의 시내. 인조(仁祖)가 돌 위에 '玉流川'이라고 새긴 데서 유래했다 함.

44) 영대(靈臺) 영소(靈沼) : 영대는 주(周)나라 문왕(文王)이 지었다는 대(臺). 영소는 영대와 함께 둔 연못. 영대는 원래 요기(妖氣)를 관망하여 재앙과 상서를 살피기 위한 것이라 함. 여기에 동산을 가꾸고 연못을 파서 기화이초와 물고기를 길렀다고 함. 『시경(詩經)』 대아(大雅)의 「영대(靈臺)」에서 유래한 것임.

45) 금원(禁苑) : 궁궐 안에 있는 동산. 후원(後園), 어원(御園), 비원(秘苑), 어원(御苑) 등으로도 불림.

46) 구중(九重) : 구중궁궐(九重宮闕), 곧 겹겹이 깊은 궁궐.

47) 학학(鶴鶴) : 새의 깃털이 깨끗하고 흰 모양.

48) 우록(麀鹿) : 암사슴.

49) 유복(攸伏) : 엎드려 있음. "백조(白鳥)는 학학(鶴鶴)하고 우록(麀鹿)은 유복(攸伏)이라"는 구절은 『시경(詩經)』 대아(大雅)의 「영대(靈臺)」에서 유래한 것임.

50) 어수당(魚水堂) : 창덕궁 후원에 있는 건물. 그 옆에 연못이 있음.

51) 오인어약(於牣魚躍) : 『시경(詩經)』 대아(大雅)의 「영대(靈臺)」의 한 구절. "아아, 가득히 물고기 뛰네"라는 뜻.

52) 난전봉루(鸞殿鳳樓) : 난새와 봉황새처럼 화려하고 아름다운 전각(殿閣)과 누각(樓閣).

아로새긴 들보들과 푸른 부연(附椽)[54] 붉은 기둥

춘첩시(春帖詩)[55]를 붙였으니 그 글에 하였으되

태평태평(太平太平)[56] 우태평(又太平)에 여시여시(如是如是) 부여시(復如是)라

설미살창[57] 새긴 문과 좁고좁은 세살분합[58]

벽방(碧房)[59] 금전(金殿) 영롱하고 주란(朱欄) 수렴(繡簾)[60] 번화하다

금천교(禁川橋)[61] 석난간(石欄干)은 부용(芙蓉) 모란 새겨 있고

장춘각(長春閣)[62] 나무다리 무지개 모양으로

은하(銀河)를 걸쳤는 듯 옥경(玉京)[63]을 통하는 듯

첩첩(疊疊)한 익각[64]복도[65](翼閣複道) 위이굴곡(逶迤屈曲)[66] 기백간(幾

---

53) 학관인각(鶴館麟閣) : 학이나 기린처럼 아름답고 품위 있는 전각.

54) 부연(附椽) : 긴 서까래 끝에 덧얹는 네모지고 짧은 서까래. 처마끝이 보기 좋게 위로 들리게 하여 모양이 나게 함.

55) 춘첩시(春帖詩) : 입춘(立春)에 궁궐 기둥에 붙이는 시. 제술관(製述官)에게 명을 내려 지어 올리게 하고, 연잎과 연꽃 무늬가 있는 종이에 쓴다고 함.

56) 태평태평(太平太平) 우태평(又太平)에 여시여시(如是如是) 부여시(復如是)라 : "태평하고 태평하고 또 태평하며, 이와 같고 이와 같고, 다시 또 이와 같다"는 뜻임.

57) 설미살창 : 살미살창을 말함. 촛가지로 짜서 살을 박아 만든 창문. 촛가지는 궁궐이나 성문의 기둥 위를 중심한 도리 사이에 장식하는 물건을 말함.

58) 세살분합 : 세살로 만든 분합문. 분합문은 대청 앞쪽 전체에 드리는 긴 문. 세살은 가는 살을 말하는 것인 듯함.

59) 벽방(碧房) 금전(金殿) : 푸른 채색으로 꾸민 방과 금을 올린 전각.

60) 주란수렴(朱欄繡簾) : 붉은 색 난간과 수를 놓은 발.

61) 금천교(禁川橋) : 창덕궁 돈화문(敎化門) 안에 있는 돌다리.

62) 장춘각(長春閣) : 창경궁 통명전(通明殿)에 딸린 건물.

63) 옥경(玉京) : 옥황상제가 산다고 하는 하늘의 서울.

64) 익각(翼閣) : 궁중의 정궁(正宮) 좌우에 딸려 있는 긴 행랑.

65) 복도(複道) : 가옥과 가옥 사이에 설치한 낭하(廊下).

66) 위이굴곡(逶迤屈曲) : 구불구불 이어지는 모양.

百間)[67]고

낮고 높은 층층화계[68](層層花階) 빙문(氷紋)[69]이 기이하다

어로(御路)[70] 한 가운데 쌍봉(雙峰) 공작(孔雀) 새겼어라

전각(殿閣)마다 한가운데 세층보탑(寶榻)[71] 높이 무고[72]

중앙에 닫집[73] 무어 아로새겨 단청(丹靑)하고

오봉산(五峯山)[74] 일월병풍(日月屛風) 해도(海島)[75]는 몇 만린고

오봉이 솟았으니 해가 돋고 달 돋는다

한편에 보불병풍(黼黻屛風)[76] 엄위(嚴威)한 그린 도끼

제간거흉(除奸去凶)[77] 하는 기상 제왕(帝王)의 위엄이요

한편 병풍 그렸으되 칠월편(七月篇)[78] 경직도(耕織圖)[79]를

---

67) 기백간(幾百間)고 : "몇 백 간인가?"

68) 화계(花階) : 뜰 한 쪽에 꽃을 심기 위해 흙을 조금 높게 쌓은 터.

69) 빙문(氷紋) : 석면을 연마하여 그 빛이 마치 얼음무늬와 같음을 형용한 말.

70) 어로(御路) : 임금이 거동할 때 다니는 길.

71) 보탑(寶榻) : 임금이 앉는 자리.

72) 무고 : '뭇다'에서 온 말. '뭇다'는 여러 조각을 모아 붙이거나 이어서 물건을 만든다는 뜻이다. 또는 모아서 쌓는다는 뜻.

73) 닫집 : 임금이 앉는 용상(龍床) 위에 네모꼴로 장식을 잔뜩 꾸민 집 모양의 모형. 당가(唐家)라고도 함.

74) 오봉산(五峯山) 일월병풍(日月屛風) : 궁중의 임금이 있는 곳 뒤에 치는 병풍. 산봉우리 다섯을 그리고, 산 윗면의 좌우에 각각 해와 달을 그렸다. 다섯 봉우리는 오행(五行)과 관련하여 산 다섯 개를 설정한 것임. 예컨대 중국의 오악(五嶽)과 우리나라의 오악을 상징적으로 그린 것으로 보임.

75) 해도(海島)는 몇 만린고 : 일월병풍에 산봉우리 다섯을 그리고 그 앞에 바다에서 파도가 치는 것을 그린 것을 두고 하는 말.

76) 보불병풍(黼黻屛風) : 임금의 예복(禮服) 치마를 장식한 도끼 모양과 '亞' 자 형상으로 수를 놓아서 꾸민 병풍.

77) 제간거흉(除奸去凶) : 간악한 사람과 흉한 일을 없애고 물리침.

78) 칠월편(七月篇) : 『시경(詩經)』 빈풍(豳風)의 편명. 주(周)나라 시조(始祖)인 후

자세히 그렸으니 시민여상(視民如傷)[80] 하는 덕택
구중궁궐 깊은 곳에 어이 알아 그리셨노
기둥마다 명두(明斗)[81] 부처 달사총(達四聰)[82] 하시는고

상방검(尙方劍)[83] 태아검(太阿劍)[84]은 백일뇌정(白日雷霆)[85] 위엄이라
사지(事知)[86]한 내시(內侍)[87]들은 승전(承傳) 차지[88] 장번(長番)[89]이라

직(后稷)의 증손자 공류(公劉)가 빈(豳) 땅에 나라를 세우고 후직을 본받아 농사를 장려해 백성들이 잘 살게 되었으나, 공류의 13대손인 무왕(武王)이 죽고 아들 성왕(成王)이 즉위하여 백성들의 생활이 어려워졌는데 이에 성왕의 숙부(叔父)인 주공(周公)이 후직과 공류처럼 농사를 장려할 것을 권면한 시가 바로 칠월편임.

79) 경직도(耕織圖) : 경작(耕作)과 방직(紡織)하는 모양을 그린 그림. 백성들의 농사의 괴로움을 알기 위해 임금이 보통 거처하는 자리 뒤에 둠.

80) 시민여상(視民如傷) : 백성을 보기를 마치 다친 사람 보듯 함. 백성들을 깊이 사랑함을 이르는 말임.

81) 명두(明斗) : 무당이 자신의 수호신으로 삼고 위하는 거울. 창동으로 크고 둥글게 되었는데, 앞면은 배가 부르고 뒷면에는 해, 달, 별 및 그 밖의 무늬와 '日月' '大明斗'의 글자가 새겨져 있다. '명도(明圖)'라고도 한다.

82) 달사총(達四聰) : 『서경(書經)』 「순전(舜典)」에 나오는 말로 사방의 소리를 들음. 곧 간(諫)하는 길을 여는 것.

83) 상방검(尙方劍) : 원래 말을 벨 수 있는 참마검(斬馬劍). 날카로우므로 이 칼로 아첨하는 간신의 목을 벤다고 함. 한(漢)나라 성제(成帝) 때 주운(朱雲)이 성제에게 "상방(尙方)의 참마검(斬馬劍)을 하사하면서 간사한 사람 하나를 베겠습니다." 하니, 임금이 그 사람이 누구인가 하고 물어 "장우(張禹)입니다."라고 대답했다는 데서 나온 말. 상방은 천자가 사용하는 기물(器物)을 맡은 관원, 또는 그 관서.

84) 태아검(太阿劍) : 옛날 진(晉)나라 때 땅 속에서 칼을 둘 얻었는데, 하나는 용천검(龍泉劍)이라 하고 하나는 태아검(太阿劍)이라 하였다. 불충한 신하를 다스리는 칼이라 함.

85) 백일뇌정(白日雷霆) : 구름이 끼지 않은 맑은 날의 천둥벼락.

86) 사지(事知) : 일에 숙달된 것을 이르는 말.

87) 내시(內侍) : 궁중에서 식사, 전령(傳令), 수문(守門), 청소(掃除) 등을 맡는 내시부(內侍府) 소속의 관원. 내관(內官), 엄관(閹官), 환관(宦官), 중관(中官), 환시(宦

건장한 무예청(武藝廳)[90]은 자지군복(紫地軍服)[91] 남전대(藍纏帶)[92]에
십팔기예(十八技藝)[93] 주장하니 기상이 효용(驍勇)[94]하다
밤이면 호피(虎皮) 두건 호피 군복(軍服) 삼모장[95]에
파수(把守)마다 앉았으니 호분군(虎賁軍)[96] 되어 있고
맵시 있는 전별감(殿別監)[97]은 이팔청춘 아이로다
당당 홍의(紅衣)[98] 자지(紫地)두건[99] 남광다위[100] 넓은 띠를

侍), 황문(黃門) 등으로도 불림.

88) 승전차지(承傳次知) : 내시(內侍)의 관직명(官職名). 승전(承傳)은 왕의 뜻을 전달하는 사람, 차지는 각 관방(官房)의 일을 담당하는 사람.

89) 장번(長番) : 오랫동안 교대 없이 궁중에서 근무하는 것.

90) 무예청(武藝廳) : 조선조 때 무관의 관청. 인조 8년(1630)에 30명의 인원으로 설치, 훈련도감에 소속되었다가, 뒤에 여러 번 제도가 바뀌어 순조 때에는 정원이 198명으로 늘어났음. 임금을 호위하는 임무를 맡음.

91) 자지군복(紫地軍服) : 자주색 군복.

92) 남전대(藍纏帶) : 군복에 쓰는 남색 전대. 전대는 무명이나 베 헝겊으로 길게 자루를 만들어 양쪽 끈을 터놓고 중간을 막았는데, 양쪽 터진 곳으로 돈이나 물건을 넣고 허리에 차기도 하고 어깨에 메기도 하는 자루.

93) 십팔기예(十八技藝) : 영조 35년 중국에서 전해진 것으로, '무예 육기(六技)'에 죽장창(竹長槍), 기창(旗槍), 예도(銳刀), 왜검(倭劍), 교전(交戰), 월도(月刀), 협도(挾刀), 쌍검(雙劍), 제독검(提督劍), 본국검(本國劍), 권법(拳法), 편곤(鞭棍)의 열두 가지 무예를 더한 것임. 무예 육기는 중국의 여섯 가지 무예, 즉 장창(長槍), 당파(鏜鈀), 낭선(狼筅), 쌍수도(雙手刀), 등패(籐牌), 곤봉(棍棒)임.

94) 효용(驍勇) : 사납고 용감함.

95) 삼모장 : 죄인을 때리는 데 쓰는 세모진 방망이. 삼릉장.

96) 호분군(虎賁軍) : 호분(虎賁)은 범처럼 사납고 날래다는 뜻으로, 임금을 호위하는 군사를 말함.

97) 전별감(殿別監) : 액정서(掖庭署) 소속의 별감을 이름. 이들은 주로 왕의 말씀을 전달하고, 왕이 쓰는 벼루나 붓을 대령하고, 궁내의 열쇠 자물쇠, 궁정에서 천막이나 자리를 까는 일을 담당함. 특별히 전별감이라고 하는 것은, 이들이 대전(大殿, 왕), 왕비전, 대비전, 동궁전에 소속되었기 때문임.

98) 홍의(紅衣) : 일반적으로는 붉은 옷이란 뜻이지만, 여기서는 별감만이 입는 붉은 웃옷. 즉 홍의는 별감의 고유 복색임.

가슴에 눌러 띠고 빛 좋은 순금 동곳[101]

큰 대(大) 자 새겨 내어 모양 좋게 꽂아 있고

모대(帽帶)[102]한 사알(司謁)[103] 사약(司鑰) 융복(戎服)[104]한 무감(武監) 통장(統長)[105]

별감(別監) 무감(武監)[106] 영통(領統)[107]하여 합문(閤門)[108]에 등대(等待)[109]하고

각 처소(處所) 내인(內人)[110]들은 안 일을 감았는데[111]

---

99) 자지(紫地)두건 : 자줏빛 두건.

100) 남광다위 : 남빛의 광다위. 광다위는 '광다회(廣多繪)'라 하며 융복(戒服, 軍服)에 쓰는 넓은 띠를 말한다. 혹은 광대(廣帶)라고도 함. 다위는 다회(多繪)라고도 씀.

101) 동곳 : 남자의 상투에 꽂아 머리가 풀어지지 않게 하는 송곳 같이 생긴 물건. 금이나 은, 옥, 산호, 밀화(蜜花) 등으로 만듦.

102) 모대(帽帶) : 사모(紗帽)와 각띠. 곧 사모를 쓰고 각띠를 띤 것을 말함.

103) 사알(司謁)·사약(司鑰) : 액정서(掖庭署) 소속의 정6품관. 액정서의 모든 별감을 통제하는 가장 높은 자리. 양반의 직임은 아니고, 주로 중인층에서 맡는 잡직임.

104) 융복(戎服) : 군복의 하나. 철릭(天翼)과 주립(朱笠)으로 됨. 철릭은 길이가 길고 허리에 주름을 잡았으며, 주립은 호박·마노·수정 등으로 장식함. 문신(文臣)도 전시(戰時)에 임금을 호종할 때에는 융복을 입음.

105) 무감통장(武監統長) : 무감(武監)의 우두머리.

106) 무감(武監) : 무예별감(武藝別監). 왕을 호위하기 위해 인조 8년(1630)에 설치한 무예청(武藝廳) 소속의 별감. 정조 5년(1781)에 2패로 나누어 각 궁전의 문 옆에서 수직하며 지키게 하였음. 무예청대령(武藝廳待令) 46명, 무예청가대령(武藝廳假待令) 40명으로 붉은 군복에 칼을 찼고 나머지 문무예청(門武藝廳)은 홍천익(紅天翼)과 황초립(黃草笠)을 쓰고 모자 위에 호랑이 수염을 달고 파수를 섰음.

107) 영통(領統) : 지휘하여 거느림.

108) 합문(閤門) : 임금이 평상시에 거처하는 편전(便殿)의 앞문.

109) 등대(等待) : 대령(待令).

110) 나인(內人) : 궁녀.

지밀[112]침방[113](至密針房) 수방(繡房)[114]이며 생것방[115] 소주방(燒廚房)[116]이

백각사(百各司) 각각 맡아 아침 저녁 문안[117]이며

의대(衣襨)[118] 수문(酬問) 침선(針線)이며 수라[119] 진찬(進饌) 직분일다

윤주라(狁紬羅)[120] 모단(毛緞) 너울[121] 두록대단(豆綠大緞)[122] 드림[123]이며

홍융사(紅絨絲)[124] 유소(流蘇)[125]매듭[126] 빛 좋게 늘어지고

---

111) 감았는데 : 문맥으로 보아 '맡아보는 것'을 의미하지만, 그 '감다'는 말의 출처는 미상이다.

112) 지밀(至密) : 대전(大殿)·내전(內殿)의 임금이 항시 거처하는 곳.

113) 침방(針房) : 궁중의 침선방(針線房). 궁중에서 필요한 재봉일을 하는 곳.

114) 수방(繡房) : 궁중에서 필요한 의복 등의 수(繡)를 전문적으로 놓던 곳.

115) 생것방(房) : 생것은 날 것으로 된 음식으로 생것방은 과일 등을 맡아 보던 곳.

116) 소주방(燒廚房) : 대궐 안의 음식, 곧 왕과 왕비가 먹을 음식을 조리하던 주방.

117) 문안(問安) : 안부를 물어보는 것. 궁중에 사는 왕과 왕비, 그리고 궁 바깥의 왕비의 친속 등에게 안부를 여쭙는 것은 편지로 하는 법인데, 이것을 담당하는 궁인(宮人)이 따로 있었음. 문안이라 함은 일반적인 문안인사가 아니라, 왕가의 정례화, 관습화된 문안인사를 의미함.

118) 의대(衣襨) 수문(酬問) : 일반적으로는 옷을 의미하지만, 조선시대에는 임금·왕세자·왕비·왕세자빈의 옷에 한정하여 의대라고 하였음. '의대 수문'은 옷을 짓는 데 필요한 치수 등을 묻는 것. 곧 옷을 맞추는 것을 말함.

119) 수라(水剌)·진찬(進饌) : 수라는 임금의 음식. 진찬은 궁중의 작은 규모의 잔치.

120) 윤주라(狁紬羅) : 발이 곱고 부드러운 비단의 한 가지.

121) 모단(毛緞) 너울 : 모단으로 만든 너울. 너울은 부녀자들이 외출할 때 얼굴을 가리기 위해 쓰던 검은 색 비단으로 된 물건. 나올(羅兀)이라고도 씀. 여기서는 궁중의 나인들이 외출할 때 쓴 경우임.

122) 두록대단(豆綠大緞) : 중국에서 수입한 비단의 한 가지.

123) 드림 : 매달아서 길게 늘이는 물건. 갓끈드림, 아얌드림에서처럼 매달아서 길게 늘이는 끈 또는 비단을 말함.

124) 홍융사(紅絨絲) : 다홍빛 비단으로 꼬아 만든 줄.

남소화주(藍蘇花紬)[127] 긴 너울은 누른 화판(花瓣)[128] 조밀하다
설한단(雪漢緞)[129] 남치마와 불빛모단(毛緞)[130] 족두리[131]며
어여머리[132] 느즌 낭자[133] 오두잠(烏頭簪)[134] 금죽즐(金竹櫛)[135]과
긴 원삼(圓衫)[136] 짧은 당의(唐衣)[137] 요지연(瑤池宴)[138] 뫼셨는 듯
분대(粉黛)[139]도 절등(絶等)[140]하고 주취(朱翠)[141]도 화려하다

---

125) 유소(流蘇) : 기(旗), 장막, 사인교(四人轎) 뚜껑의 사방 징두리 등에 장식으로 매다는 술끈.

126) 매듭 : 끈, 노, 실 따위를 잡아매어 마디를 이룬 것. 여러 형태로 만들어 부녀자들의 옷에 매다는 장식으로 씀. 유소매듭은 유소로 만든 매듭임.

127) 남소화주(藍蘇花紬) : 중국에서 수입된 비단의 한 가지.

128) 화판(花瓣) : 꽃잎.

129) 설한단(雪漢緞) : 중국에서 수입된 비단의 한 가지.

130) 불빛모단 : 중국에서 수입된 비단의 한 가지.

131) 족두리 : 부녀자가 결혼식 등의 예복(禮服)을 입을 경우 머리에 쓰는, 검은 비단으로 바탕을 만들고 주옥(珠玉)으로 장식한 관(冠)의 한 가지.

132) 어여머리 : 부인이 예장(禮裝)할 때 머리에 얹는, 다리로 만든 커다란 머리. 머리에 솜 족두리를 쓰고 그 위에 다리로 된 커다란 머리를 얹고, 옥판과 화잠(花簪)으로 꾸미는데 옥판을 앞에, 화잠을 좌우에 한 개씩 꽂음.

133) 낭자 : 부녀자의 예장(禮裝) 때에 쓰는 땋아 뭉친 머리의 한 가지. '늦은 낭자'는 아마도 '늦춘 낭자'인 듯. 곧 아래로 늘어뜨린 낭자란 뜻인 듯하다.

134) 오두잠(烏頭簪) : 비녀의 한 가지. 꼭대기의 한 편을 턱지게 한 것인데, 보통 때 부인들이 씀.

135) 금죽즐(金竹櫛) : 금빛이 나는 대나무로 만든 빗.

136) 원삼(圓衫) : 부녀자의 예복(禮服)의 한 가지. 연두색 길에 자주 깃을 달고 색동 소매를 달아 짓는다.

137) 당의(唐衣) : 부녀자들이 저고리 위에 덧입었던 예복의 한 가지. 고름은 자줏빛이며, 소매가 넓고 앞뒷자락이 저고리보다 길어 무릎 가까이에 닿음. 왕실(王室) 종친(宗親)과 공주(公主) 옹주가(翁主家)에서 쓰며, 결혼식 때에도 썼음.

138) 요지연(瑤池宴) : 요지는 곤륜산(崑崙山)에 있다고 하는 선경(仙境)으로 신선 서왕모(西王母)가 사는 곳이라 함. 곧 서왕모가 사는 신선의 세계에서 베푸는 잔치를 말함.

139) 분대(粉黛) : 분으로 얼굴을 꾸미고, 눈썹을 그리는 먹(黛)으로 눈썹을 그리는

항아(姮娥)142)가 적강(謫降)143)한가 속태(俗態)도 전혀 없네

나 많은 무수리144)는 저근머리 긴 저고리

아청(鴉青)145)무명 넓은 띠에 문패(門牌)146)를 비껴 차고

각궁(各宮) 노자(奴子)147) 모양들은 벙거지148) 넓은 갓끈

두루마기 반물149) 들여 소매 길게 하여 입고

내병조(內兵曹)150) 근장군사(近仗軍士)151) 문문이 지켜 있어

금잡인(禁雜人)152) 총찰(總察)하니 가죽 등채(藤策)153) 손에 들고

이리 뛰며 저리 뛰니 기상이 호륵(豪勒)154)하다

정원(政院)155)의 육승지(六承旨)156)는 후설지신(喉舌之臣)157) 되어 있어

것. 곧 여자가 화장을 하는 것.

140) 절등(絶等) : 아주 뛰어남.

141) 주취(朱翠) : 곱게 붉고 푸른 빛의 옷.

142) 항아(姮娥) : 달에 산다고 하는 선녀.

143) 적강(謫降) : 신선이 죄를 지어 인간 세상으로 귀양을 오거나 인간으로 태어남.

144) 무수리 : 궁중에서 나인의 세숫물 심부름을 맡은 여자종.

145) 아청(鴉青) : 검푸른 빛.

146) 문패(門牌) : 대궐에 출입할 때 보이는 패.

147) 노자(奴子) : 종.

148) 벙거지 : 주로 병졸이나 하인이 쓰는, 짐승의 털로 만든 모자. 운두가 높으며 전이 평평하고 넓음. 병립(兵笠)이라고도 함. 전립(戰笠).

149) 반물 : 검은빛을 띤 짙은 남빛.

150) 내병조(內兵曹) : 병조에 소속된 관아로서 대궐 안의 숙위(宿衛), 의장(儀仗)에 관한 일을 맡아 보는 곳.

151) 근장군사(近仗軍士) : 병조에 딸린 군사로서 궁문을 경계하고, 임금의 거둥 때에 근시경호(近侍警護)를 맡음.

152) 금잡인(禁雜人) : 관계 없는 사람의 출입을 금함.

153) 등채(藤策) : 무장(武裝)할 때 쓰는 채찍. 굵은 등(藤)의 도막의 머리쪽에 물들인 녹비(鹿皮)나 비단의 끈을 달았음.

154) 호륵(豪勒) : 기세가 사나운 것.

궐내(闕內)의 대소사(大小事)와 백각사(百各司) 모든 일을
내외(內外) 공사(公事) 한데 하여 계청(啓請) 계파(啓罷)[158] 일삼으니
영귀(榮貴)도 갸륵하고 소임(所任)도 중대하다
옥당(玉堂)[159] 각신(閣臣)[160] 한주(翰注)[161]네는 주경야대(晝經夜對)[162]
일이로다
연소한 어린 명사(名士) 공명(功名)이 명환(名宦)일다
별군직(別軍職)[163] 선전관(宣傳官)[164]은 보기 좋은 비단군복

---

155) 정원(政院) : 승정원(承政院). 임금의 비서기관으로 왕명의 출납(出納)을 담당하던 관서. 은대(銀臺), 혹은 후원(喉院)이라고도 부름.

156) 육승지(六承旨) : 승정원의 도승지(都承旨)·좌승지·우승지·좌부승지(左副承旨)·우부승지·동부승지(同副承旨) 등 여섯 명의 승지를 말함.

157) 후설지신(喉舌之臣) : 후설(喉舌)은 목구멍과 혀이니, 말을 하는 기관을 말함. 곧 승정원의 승지는 임금의 목구멍과 혀를 대신하는 신하, 곧 임금의 말을 대신 전하는 신하란 뜻.

158) 계청계파(啓請啓罷) : 임금에게 아뢰어 청하고, 아뢰어 파직시키는 일.

159) 옥당(玉堂) : 옥당은 홍문관(弘文館), 혹은 부제학, 교리(校理), 부교리, 수찬(修撰), 부수찬 등 홍문관의 관원을 지칭하기도 함. 홍문관은 임금의 고문(顧問)에 대비하는 관청으로 조선시대에 가장 명예로운 벼슬자리로 쳤음.

160) 각신(閣臣) : 규장각(奎章閣)의 신하를 말함. 규장각은 정조(正祖) 때 설치한 왕립 학술기관으로 홍문관을 제치고 가장 명예로운 벼슬이 되었음.

161) 한주(翰注) : 한림(翰林)과 주서(注書). 한림은 예문관(藝文館) 종9품 벼슬인 검열(檢閱)이고, 주서는 승정원의 정7품 벼슬. 품계로 보면 극히 낮은 직임이지만, 모두 사초(史草)를 작성하는 사관(史官)의 임무를 맡고 있기에 문벌(門閥)과 학문이 빼어나지 않으면 할 수 없는 벼슬임. 한림과 주서를 거쳐야 관료로서 출세할 수 있음.

162) 주경야대(晝經夜對) : '주경연야소대(晝經筵夜召對)'를 줄인 말. 낮에는 왕이 경연(經筵)에서 신하들이 강(講)하는 것을 듣고, 밤에는 야대에서 왕이 직접 강을 하는 것을 말한다.

163) 별군직(別軍職) : 임금의 시위(侍衛)와 적간(摘奸)하는 일을 맡은 무직(武職). 병자호란 때 세자의 시위군관(侍衛軍官)으로 수종(隨從)한 군관들에게 붙인 이름인데, 나중에는 대전(大殿), 곧 왕의 호위를 맡음.

다홍대단(茶紅大緞) 홍수(紅袖)[165] 달고 순금 밀화(蜜花)[166] 쌍단추며

그 위에 갑사[167]관대[168](甲紗冠帶) 수박빛이 고울시고

오위장(五衛將)[169] 충익장(忠翊將)[170]과 문부장(門部將)[171] 수문장(守門將)[172]은

호반(虎班)[173]의 벼슬이라 관대(冠帶) 속에 군복 입고

육백(六百) 금군(禁軍)[174] 호위군관(扈衛軍官)[175] 내삼청(內三廳)[176]의

---

164) 선전관(宣傳官) : 선전관청(宣傳官廳)에 소속된 정3품에서 종9품까지를 모두 선전관이라 한다. 선전관청은 형명(形名, 군호), 숙위(宿衛), 전령(傳令), 계라(啓螺), 부신(符信)의 출납(出納)을 맡은 관청이다. 선전관은 당상관으로 선전관을 지내야 무신(武臣)으로 출세할 수 있다.

165) 홍수(紅袖) : 군복의 붉은 소매.

166) 밀화(蜜花) : 밀(꿀의 찌꺼기)과 같이 누런빛이 나고 젖송이 같은 무늬가 있는 호박(琥珀).

167) 갑사(甲紗) : 품질이 좋은 비단.

168) 관대(冠帶) : '관디'의 원말. 벼슬아치들이 입던 공복(公服). 요즘은 결혼식 때 신랑이 입는다.

169) 오위장(五衛將) : 조선조 때 오위(五衛)의 으뜸 벼슬. 정3품임. 오위는 중위(中衛)·좌위·우위·전위·후위임. 조선전기의 국가의 기간 병제(兵制)였으나 임진왜란 때 완전히 무용한 것으로 판명되어 없어지고, 명칭과 관제(官制)만 남게 됨.

170) 충익장(忠翊將) : 충익위(忠翊衛)의 정3품관. 충익위는 공신의 자손이 소속되는 군대.

171) 문부장(門部將) : 도성(都城)의 문을 지키던 오위(五衛)에 소속된 종6품의 무사.

172) 수문장(守門將) : 성문, 대궐문을 지키는 오위(五衛)에 속한 무관.

173) 호반(虎班) : 무반(武班).

174) 금군(禁軍) : 용호영(龍虎營)에 소속된 내금위(內禁衛)·우림군(羽林軍)·겸사복(兼司僕) 등의 내삼청(內三廳)의 기사(騎士). 조선 초에 창설하여 영조 21년에 용호영이라 부르고, 숙영(宿營)과 왕의 호종을 맡았다.

175) 호위군관(扈衛軍官) : 호위청(扈衛廳) 소속의 정3품관. 호위청은 인조 원년에 창설한 관청. 임금의 호위를 맡는다. 궐내에 있고, 훈척대신(勳戚大臣)이 호위대장이 된다.

176) 내삼청(內三廳) : 금군청(禁軍廳), 용호영(龍虎營)의 별칭이다.

번(番)을 들어[177]

무예(武藝)도 갸륵하고 치마(馳馬)[178]도 날쌔도다

의정부(議政府)[179] 삼상(三相)[180]네는 애민하사(愛民下士)하는 모양

평교자(平轎子)[181] 늦은 줄[182]에 낮은 키 별구종(別驅從)[183]이

고이 며여[184] 가오실 제 호피(虎皮)꼬리 땅을 쓴다

대로 결은[185] 파초선(芭蕉扇)[186]을 햇빛을 반쯤 가려

벽제(辟除)[187]도 크지 않고 행보(行步)도 완완(緩緩)하다

거룩타 서불장개(暑不張盖)[188] 상위(相位)[189]의 도리로다

---

177) 번(番)을 들어 : '번'은 차례로 갈마드는 일. '번을 들다'는 번의 차례가 되어 번소(직소)로 드는 것을 말한다.

178) 치마(馳馬) : 말을 달림.

179) 의정부(議政府) : 백관(百官)을 다스리고 뭇 정무를 총괄하는 조선 최고의 집정기관(執政機關).

180) 삼상(三相) : 삼정승(三政丞). 곧 영의정(領議政)·좌의정(左議政)·우의정(右議政)으로 정1품관이다. 삼공(三公)이라고도 함.

181) 평교자(平轎子) : 종1품 이상 및 기로소(耆老所) 당상이 타는 남여(藍輿). 앞뒤에서 네 사람이 낮게 메는 조용하고 편한 가마.

182) 늦은 줄 : 늦춘 줄, 늘인 줄.

183) 별구종(別驅從) : 벼슬아치나 가마를 메는 담교군(擔轎軍)을 따라다니는 하례(下隷).

184) 며여 : '메고'

185) 대로 결은 : '대나무로 엮은'

186) 파초선(芭蕉扇) : 파초 입 모양으로 만든 부채. 의정대신(議政大臣)이 외출할 때 등 뒤에서 머리를 가리고 간다.

187) 벽제(辟除) : 지위 높은 사람이 지나갈 때 구종별배(驅從別陪)가 잡인의 통행을 통제, 정리하던 일.

188) 서불장개(暑不張盖) : 더워도 일산(日傘)을 펼쳐 쓰지 아니함. 개(盖)는 일산.

189) 상위(相位) : 의정대신(議政大臣)의 자리. 정승 자리.

이(吏)·호(戶)·예(禮)·병(兵)·형(刑)·공(工)은 육경(六卿)190)이 되었어라

호기 있는 대사마(大司馬)191)는 백보 밖에 인배(引陪)192) 세고

건장한 뇌자(牢子)193) 기수(旗手)194) 원앙진(鴛鴦陣)195) 작대(作隊)하여

쌍쌍이 벽제(辟除) 소리 날래고도 영열(英烈)하다

외바퀴 높은 초헌(軺軒)196) 키 큰 구종(驅從)들이

손을 들어 밀어갈 제 좌우의 색구(色驅)197) 견배(牽陪)198)

호한(豪悍)199)한 별배(別陪)200)들이 날개로 벌여 서서

세층 벽제(辟除) 소리 기구(器具)도 엄위(嚴威)할사

무장(武將)네 모양들은 은안준마(銀鞍駿馬)201) 고운 말에

빼그어202) 높이 앉아 흉허복실(胸虛腹實)203) 마상(馬上) 모양

---

190) 육경(六卿) : 육조 판서(判書)의 별칭.

191) 대사마(大司馬) : 병조판서를 부르는 말.

192) 인배(引陪) : 정3품 이상의 당상관이 출입할 때에 그 앞을 인도하는 관노(官奴).

193) 뇌자(牢子) : 군대에서 중죄인의 체포, 문초, 형의 집행을 담당하던 군졸.

194) 기수(旗手) : 대장(大將)의 전령(傳令), 호위의 임무, 또는 순시기(巡視旗), 영기(令旗)를 들고 따르는 병졸.

195) 원앙진(鴛鴦陣) : 행군(行軍) 대형의 한 가지. 원앙새 모양으로 된 진(陣)의 이름.

196) 초헌(軺軒) : 종2품 이상의 관원이 타는 소형 수레. 사방을 전망할 수 있고, 긴 줏대에 윘바퀴가 밑으로 달려 있으며 앉는 데는 의자 모양으로 되어 있음.

197) 색구(色驅) : 구(驅)는 관원을 수행하는 하인인 구종(驅從)을 뜻하며 색(色)은 이들의 우두머리. 곧 구종의 우두머리를 말함.

198) 견배(牽陪) : 말을 앞에서 끌고 가는 말구종.

199) 호한(豪悍) : 기가 거세고 사나움.

200) 별배(別陪) : 벼슬아치 집에서 사사로이 부리는 하인.

201) 은안준마(銀鞍駿馬) : 화려하게 꾸민 안장을 얹은 좋은 말.

웅호(熊虎)의 기상이오 진변(鎭邊)[204]할 장수로다
도감(都監)[205]은 오천 병마(兵馬) 수영문(首營門)[206] 되어 있어
대명(大明) 적 복색(服色)으로 모단(毛緞) 전건(戰巾)[207] 젖혀 쓰고
선기대(善騎隊)[208] 날랜 군사 일검증당백만사(一劍曾當百萬師)[209]라
전주작(前朱雀)[210] 되어 있어 몸기는 붉은 기(旗)[211]요
금위영(禁衛營)[212] 삼천 병마 별무사(別武士)[213]가 건장하다
좌청룡(左靑龍)[214] 되어 있어 몸기는 푸른 기[215]요
어영청(御營廳)[216] 삼천 병마 가전별초(駕前別哨)[217] 되어 있고

---

202) 빼그어 : '빼기어'인 듯함. 곧 '빼기면서'의 뜻으로 여겨진다.

203) 흉허복실(胸虛腹實) : 활을 쏘는 데 필요한 여러 원칙 중 하나. 가슴에는 힘이 들어가지 않고 배에는 힘이 들어가는 호흡법을 말한다. 또는 이 원칙을 취한 자세를 말함.

204) 진변(鎭邊) : 변방을 다스림.

205) 도감(都監) : 훈련도감(訓鍊都監). 오군영(五軍營)의 하나로 선조(宣祖) 27년(1594)에 설치하였다. 도성 수비를 맡았으며, 포수(砲手)·살수(殺手)·사수(射手)의 삼수군(三手軍)을 양성하였다.

206) 수영문(首營門) : 으뜸 가는 영문. 오영문 중에서 으뜸가는 영문이라는 뜻이다.

207) 전건(戰巾) : 군사들이 머리에 쓰는 두건의 한 가지.

208) 선기대(善騎隊) : 기마(騎馬)에 능한 군대.

209) 일검증당백만사(一劍曾當百萬師) : 한 자루 칼로 백만 명의 군사를 감당함.

210) 전주작(前朱雀) : 주작은 예로부터 남쪽 방위를 맡고 있는 신을 나타낸 짐승. 옛날 무덤의 남쪽 벽에 그렸는데, 붉은 봉황을 형상화한 새짐승이다.

211) 붉은 기(旗) : 붉은 바탕에 주작과 운기(雲氣)를 그린 주작기(朱雀旗).

212) 금위영(禁衛營) : 서울을 방어하는 군영(軍營). 삼군문(三軍門)의 하나. 숙종 8년(1682)에 설치함.

213) 별무사(別武士) : 훈련도감(訓鍊都監)의 마병(馬兵), 금위영(禁衛營), 어영청(御營廳)의 기사(騎士)들 중에서 뽑히어 윗자리의 벼슬을 받게 된 병졸.

214) 좌청룡(左靑龍) : 동쪽의 목(木) 기운을 맡은 태세신(太歲神)을 상징하는 짐승. 곧 용(龍). 옛날 무덤의 관(棺)의 왼쪽에 그렸음.

215) 푸른 기(旗) : 바탕이 푸른 데 용과 운기(雲氣)를 그린 청룡기(靑龍旗).

216) 어영청(御營廳) : 인조 2년(1624)에 설치한 군영(軍營). 원래는 후금(後金), 곧

우백호(右白虎)218) 되어 있어 몸기는 흰 기219)로다
총융청(摠戎廳)220) 삼천 병마 무예는 무적(無敵)일다
북현무(北玄武)221) 되었으니 몸기는 검은 기222)요
용호영(龍虎營)223) 호위군관(扈衛軍官)224) 백발백중 하는구나
중앙이 되었으니 몸기는 누런 길225)다

좌포장(左捕將)226) 우포장(右捕將)227)은 금란치적(禁亂治賊)228) 일을

청(淸)과의 관계를 의식해서 설치한 것이고, 효종 때는 북벌을 의식하여 확대되기도 하였다. 하지만 그 기본 골간은 국왕의 호위였다. 삼군문(三軍門)의 하나.

217) 가전별초(駕前別哨) : 어영청에 속해 있는 군대의 한 편대(編隊). 성균관 부근에 사는 장정들로 편성하고 정원은 50명. 임금의 거둥 때에, 성내에서는 어가(御駕)를 끼고 양쪽에서 시위(侍衛)하고, 교외인 경우에는 어가의 앞에서 시위함.

218) 우백호(右白虎) : 서쪽 방위의 금(金) 기운을 맡은 태백신(太白神)을 상징하는 짐승, 곧 호(虎). 옛날 무덤이나 관(棺) 오른쪽에 그리는 짐승.

219) 흰 기(旗) : 백호(白虎)와 운기(雲氣)를 그린 흰 바탕의 백호기(白虎旗).

220) 총융청(摠戎廳) : 인조 2년(1624)에 설치하여 광주(廣州)·양주(楊州)·수원(水原) 등 진(鎭)의 군무를 맡아 서울의 외곽을 경비한 군영. 영조 23년(1747)에 북한산성의 수비를 맡았으며 헌종 12년(1846) 총위영(摠衛營)으로 고쳐 일컫기도 하였다.

221) 북현무(北玄武) : 북방을 맡은 신(神)인데 거북으로 상징한다. 옛날 무덤이나 관(棺)의 뒤쪽에 그렸음.

222) 검은 기(旗) : 구름과 거북을 그린 바탕이 검은 현무기(玄武旗)를 말함.

223) 용호영(龍虎營) : 대궐의 숙위(宿衛)·호종(扈從) 등을 맡은 군영(軍營).

224) 호위군관(扈衛軍官) : 용호영(龍虎營)에 딸린 당상군관(堂上軍官).

225) 누런 기(旗) : 바탕이 누른 황기(黃旗).

226) 좌포장(左捕將) : 좌포도청(左捕盜廳)의 대장. 종2품이다. 좌포도청은 도둑을 잡고 서울 시내를 순찰하는 업무를 맡았다. 단성사극장 자리에 있었다.

227) 우포장(右捕將) : 우포도청(右捕盜廳)의 대장. 역시 종2품이다. 광화문 우체국 자리에 있었다.

228) 금란치적(禁亂治賊) : 금란(禁亂)은 금제(禁制)의 법령을 어겨 난동하는 것을 금지하는 것. 금란사령(禁亂使令)이 금란패(禁亂牌)를 가지고 가서 단속함. 치적

삼고

오부(五部)[229]의 부관원(部官員)[230]은 사송(詞訟)[231]이 직분이요
경조부(京兆府)[232] 평시서(平市署)[233]는 치민평시(治民平市) 하는구나
의금부(義禁府)[234] 삼당상(三堂上)[235]과 도사(都事)[236]는 열이로다
춘추필법(春秋筆法)[237] 가지고서 금고(禁錮) 찬배(竄配)[238] 일삼으니
팔십 명 나장(羅將)[239]이는 알도(喝道)[240]에 눈을 박아

(治賊)은 도둑을 잡는 것. 포도청의 주 업무다.

229) 오부(五部) : 조선시대 서울을 중부(中部)·동부·서부·남부·북부의 다섯 구획으로 나누어 관장하는 다섯 관아(官衙). 부내(部內)의 소송(訴訟), 도로(道路), 금화(禁火), 택지 등에 관한 일을 맡아 보던 곳이다. 태조 원년(1392)에 설치했다.

230) 부관원(部官員) : 오부의 각 부(部)에 둔 종5품관 영(令) 1명과 종9품관 도사(都事) 1명을 말한다.

231) 사송(詞訟) : 민사의 소송. 조선시대에 민형사(民刑事)가 구분된 것은 아니나, 대체로 지금의 형사사건에 해당하는 것을 형옥(刑獄), 민사사건을 사송(詞訟)이라 하였음.

232) 경조부(京兆府) : 한성부(漢城府)의 별칭. 서울의 호적 시전(市廛), 가옥(家舍), 농토, 사산(四山), 도로, 교량, 개천, 포흠(逋欠), 부채, 궐전(闕殿), 낮순찰, 검시(檢屍) 등을 담당하였다.

233) 평시서(平市署) : 시장의 점포·도량형·물가에 관한 질서와 상인 보호에 관한 사무를 맡아 보던 관아. 경시서(京市署)라고도 하였음.

234) 의금부(義禁府) : 동반(東班) 종1품 관아로서 왕명을 받들어 추국(推鞫)하고 조정의 대옥(大獄) 및 중외의 어려운 일을 맡아 처리함. 금오(金吾), 왕부(王府)라고도 함.

235) 삼당상(三堂上) : 의금부의 세 당상관(堂上官). 종1품관인 판사(判事), 정2품관인 지사(知事), 종2품관인 동지사(同知事)를 말함.

236) 도사(都事) : 관리의 감찰과 규탄을 맡은 종5품의 벼슬. 충훈부(忠勳府)·의빈부(儀賓府)·의금부·개성부(開城府)·중추부(中樞府)·오위도총부(五衛都摠府) 등에 있음. 여기서는 물론 의금부의 도사를 말한다.

237) 춘추필법(春秋筆法) : 역사를 공명정대하고 엄정하게 기술하는 법.

238) 금고찬배(禁錮竄配) : 금고(禁錮)는 죄과로 관리에 임용될 자격을 정지시키는 것. 찬배(竄配)는 죄인을 귀양보내는 것.

상투 끝에 젖혀 쓰고 철릭[241] 위에 아청(鴉靑) 작의(鵲衣)[242]
흰 실로 줄을 놓아 임금 왕 자 써서 입고
전옥(典獄)[243]은 수도부(首都府)라 약법삼장(約法三章)[244] 일을 삼고

호조(戶曹)는 판탁지(判度支)[245]라 부세(賦稅) 전곡(錢穀)[246] 맡아 있어
삼당상(三堂上)[247] 육낭청(六郎廳)[248]에 별례방(別例房)[249]이 주장이오

---

239) 나장(羅將) : 의금부의 하례(下隷). 죄인을 문초할 때 매를 때리는 일과 귀양가는 일을 압송(押送)하는 일을 맡았음.

240) 알도(喝道) : 원래의 이름은 '喝'의 소리가 '갈'이므로 '갈도'가 맞다. 어떤 이유에서인지 '갈도'가 알도로 바뀐 것이다. 알도는 나장(羅將)이 쓰는 고깔인 깔때기. 두꺼운 종이로 고깔 비슷하게 접고, 앞쪽에 넓죽한 두꺼운 종이 판을 세워 붙이고 전체에 검은 칠을 하였음. 주석으로 만든 둥근 고리 두 개를 후면에 박았다. 이것을 두고 '눈을 박아'라고 표현한 것이다.

241) 철릭 : 무관의 공복(公服)의 한 가지. 허리에 주름을 잡은 것이 특징이다. 천익(天翼)이라고도 함.

242) 아청작의(鴉靑鵲衣) : 아청색, 곧 검푸른 색으로 만든 까치옷. 때때옷을 까치옷이라 한다.

243) 전옥(典獄) : 죄인을 수금하여 다스리는 일을 담당하던 관서. 혹은 그 옥(獄). 서린동에 있었다. 전옥서(典獄署)가 원래 이름이며, 혹은 대리(代理)라고도 한다.

244) 약법삼장(約法三章) : 한(漢)나라 고조(高祖)가 가혹한 진(秦)나라 법을 없애고 공포한 세 가지 간단한 법. 살인자는 죽이고, 사람을 다치게 하거나 도둑질을 한 사람은 법에 따라 처벌한다는 것.

245) 판탁지(判度支) : '탁지'를 맡아봄. '판'은 맡는다는 뜻임. 탁지는 중국 위(魏)나라 때부터 있던 국가의 재정을 맡아보던 관청. 곧 '판탁지'는 국가의 재정을 맡아본다는 뜻이다.

246) 부세전곡(賦稅錢穀) : 세금으로 거둔 돈과 곡식.

247) 삼당상(三堂上) : 호조의 세 명의 당상관을 말함. 정2품 판서(判書) 1명, 종2품 참판(參判) 1명, 정3품 참의(參議) 1명.

248) 육낭청(六郎廳) : 호조의 별례방(別例房)·세폐색(歲幣色)·응판색(應辦色)·은색(銀色)·요록색(料祿色)·잡무색(雜物色) 등을 관장하는 여섯 낭청(郎廳). 정5품관이다.

249) 별례방(別例房) : 호조의 한 기관. 제향(祭享)·공상(供上)·사행(使行)의 방물

회계하는 계사(計士)[250]들은 도필지리(刀筆之吏)[251] 되어 있고
공조(工曹)는 수형부(水衡府)[252]라 각색 장색(匠色)[253] 총괄하여
응역(應役)[254]하기 일삼으니 와서(瓦署)[255] 선공(繕工)[256] 매여 있고
예조(禮曹)는 남궁(南宮)[257]이라 선왕제례(先王制禮) 본받아서
군왕(君王)의 진퇴변절(進退變節) 종사산천(宗祀山川) 제향(祭享)[258]이며
제례작악(制禮作樂)[259] 일삼으니 통례원(通禮院)[260] 거느리고

병이조(兵吏曹) 동서편은 택문택무(擇文擇武)[261] 추려내어

(方物)·예장(禮葬)에 따르는 물품이나 경비 등을 관장함.

250) 계사(計士) : 호조에 속한 종8품직의 계산을 담당하는 관원. 양반직은 아니고 중인들이 전담하는 자리다.

251) 도필지리(刀筆之吏) : 말단 행정을 전문적으로 맡아 하는 아전 같은 사람을 얕잡아 이르는 말. 예전에 죽간(竹簡)에 기록된 글자를 아전들이 칼로 긁고 고치는 일을 한 까닭에 생긴 말임.

252) 수형부(水衡府) : 수형(水衡)은 원래 한(漢)나라 때 만든 관청. 궁궐 내의 동산인 상림원(上林苑)과 천자의 사유 재산을 관리하던 관청이다. 이와 별도로 삼국시대(三國時代) 위(魏)나라에서 설치한 수군(水軍)의 배와 기계(器械)를 관장하는 관청도 있다. 하지만 여기서 왜 공조를 수형부라고 했는지는 알 수가 없다.

253) 장색(匠色) : 손재주를 가지고 여러 가지 물건을 만드는 것으로 업(業)을 삼거나 또는 건축 따위 일에 불려 다니면서 벌이를 하는 사람. 목수나 미장이 같은 사람. 공인(工人), 장인(匠人).

254) 응역(應役) : 부역(賦役) 곧 공사(公事)에 응하는 것.

255) 와서(瓦署) : 왕실에서 쓰는 기와와 벽돌을 만들어 바치던 관아. 와요(瓦窯) 또는 도등국(陶登局)이라고도 한다.

256) 선공(繕工) : 궁궐과 관청의 토목(土木) 공사와 수리 등을 맡아보던 관청.

257) 남궁(南宮) : 예조의 별칭.

258) 종사산천(宗祀山川) 제향(祭享) : 종묘(宗廟) 사직(社稷)과 산천에 제사를 지내는 것.

259) 제례작악(制禮作樂) : 예(禮)를 제정하고 음악을 지음.

260) 통례원(通禮院) : 조회(朝會)·제사에 관한 의식 절차를 담당하던 관아. 통례문(通禮門), 홍로(鴻臚)라고도 한다.

내직(內職)[262]이며 외직(外職)[263]이며 정경(正卿)[264] 아경(亞卿)[265] 도백(道伯)[266] 유수(留守)[267]

주서(注書)[268] 한림(翰林)[269] 각신(閣臣)들과 옥당(玉堂) 승지(承旨) 대간(臺諫)[270]이며

묘사전궁(廟社殿宮)[271] 관원이며 능참봉(陵參奉)[272] 수봉관(守奉官)[273]과

봉사(奉事)[274] 직장(直長)[275] 감역(監役)[276]이며 동몽교관(童蒙敎官)[277]

---

261) 택문택무(擇文擇武) : 문관과 무관의 인재를 선발하는 것. 이조는 문관, 병조는 무관의 인사를 담당하기 때문에 이르는 말이다.

262) 내직(內職) : 중앙 관청의 관직.

263) 외직(外職) : 지방 관직.

264) 정경(正卿) : 정2품의 관직에 있는 의정부의 좌참찬(左參贊)·우참찬, 육조의 판서(判書), 한성부 판윤(判尹). 이들을 9경이라 하고, 육조판서만은 6경이라 함.

265) 아경(亞卿) : 정경 다음의 벼슬. 참판(參判), 좌윤(左尹)·우윤(右尹) 등의 종2품관.

266) 도백(道伯) : 각도의 관찰사(觀察使)를 말함. 종2품직이다. 감사(監司)라고도 한다.

267) 유수(留守) : 개성(開城)·강화(江華)·광주(廣州)·수원(水原)·춘천(春川) 등 요긴한 옛 도읍을 맡아 다스리는 종2품관.

268) 주서(注書) : 승정원(承政院)의 정7품 관직. 사초(史草)를 작성하는 일을 맡아 본다. 품계는 낮지만 청직(淸職)이다.

269) 한림(翰林) : 예문관(藝文館)의 정9품 관직. 품계는 아주 낮지만 사관(史官)이므로 청직에 해당하며, 한림을 거쳐야 관료로 출세할 수 있다.

270) 대간(臺諫) : 임금을 간(諫)하는 일을 맡은 관리. 곧 사헌부(司憲府)와 사간원(司諫院)의 벼슬아치를 통틀어 일컫는 말.

271) 묘사전궁(廟社殿宮) : 종묘(宗廟)·사직(社稷)·영희전(永禧殿)·경모궁(景慕宮)을 통틀어 일컫는 말.

272) 능참봉(陵參奉) : 능(陵)의 관리를 맡는 종9품 관직.

273) 수봉관(守奉官) : 국왕의 사친(私親)들의 묘소인 원(園)의 관리를 맡는 종9품 관직.

274) 봉사(奉事) : 훈련원(訓練院)·내의원(內醫院)·군기시(軍器寺)·관상감(觀象

부도사(副都事)278)와

군자판사(軍資判事)279) 광홍수(廣興守)280)와 능령(陵令)281)이며 선혜낭청(宣惠郞廳)282)

각사(各司) 제조(提調)283) 부제조(副提調)며 이조전랑(吏曹銓郞)284) 홍문정자(弘文正字)285)

병사(兵使)286) 수사(水使)287) 방어사(防禦使)288)며 영장(營將)289) 중군

監)·사역원(司譯院)·종묘서(宗廟署)·전생서(典牲署) 등의 관청에 속한 종8품 관직.

275) 직장(直長) : 봉상시(奉常寺)·종부시(宗簿寺)·사옹원(司饔院)·의금부·상서원(尙瑞院)을 비롯한 30개 중앙 부서의 종7품 관직.

276) 감역(監役) : 선공감(繕工監)의 정9품 관직.

277) 동몽교관(童蒙敎官) : 어린이를 가르치기 위해 각 군현(郡縣)에 두었던 관직.

278) 부도사(副都事) : 충훈부(忠勳府)·의빈부(儀賓府)·중추부(中樞府)·오위도총부(五衛都總府)·개성부(開城府) 등의 종5품 관직.

279) 군자판사(軍資判事) : 군자감(軍資監)의 종5품 관직. 군자감은 군수품의 비축, 출납에 관한 사무를 맡아보는 관아.

280) 광홍수(廣興守) : 광홍창(廣興倉)의 정4품 관직. 광홍창은 벼슬아치들의 봉급을 맡아서 관리하는 호조에 딸린 관청.

281) 능령(陵令) : 능(陵)을 관리하는 임무를 맡은 종5품 관직.

282) 선혜낭청(宣惠郞廳) : 선혜청의 낭청. 낭청은 각 관아의 당하관의 총칭이다. 선혜청은 선조 41년(1608) 대동법(大同法)의 시행에 따라, 대동미(大同米)·대동포(大同布) 등의 출납을 맡은 관청. 선혜청에는 낭청 5명이 있었다.

283) 제조(提調) : 관제상의 우두머리가 아닌 고위 관원으로서 일정한 관아의 일을 맡아 다스리게 하는 경우, 그 고위 관원을 도제조(都提調)라고 하는 바, 제조(提調)는 도제조의 버금 벼슬로서, 도제조를 두지 않는 곳에서는 제조가 으뜸이 됨. 정1품이면 도제조, 종1품 또는 2품이면 제조, 정3품 당상관이면 부제조라고 한다.

284) 이조전랑(吏曹銓郞) : 이조 정5품 관직인 정랑(正郞)과 정6품 관직인 좌랑(佐郞). 이조는 문관의 인사를 담당하는 곳인데, 정랑과 좌랑이 인물의 추천권을 가지고 있기에 특별히 전랑이라고 부르는 것임.

285) 홍문정자(弘文正字) : 홍문관(弘文館)의 정9품관. 품계는 가장 낮지만 과거에 합격해서 홍문관 정자를 거쳐야 관료로의 출세가 보장되기에 무척이나 명예롭고 중요한 자리다.

(中軍)[290] 통제사(統制使)[291]와

첨사(僉使)[292] 만호(萬戶)[293] 병우후(兵虞侯)[294]며 사도참군(四道參軍)[295] 권관(權管)[296]이며

선전관(宣傳官) 부장(部將)[297]들과 별군직(別軍職) 수문장(守門將)과

훈련판사(訓鍊判事)[298] 주부(主簿)[299]들과 도총(都總)[300] 도사(都事)[301]

---

286) 병사(兵使) : 각 지방의 병마(兵馬)를 지휘하는 종2품의 무관. 병마절도사(兵馬節度使)의 준말.

287) 수사(水使) : 수군을 통제하던 정3품의 무관직. 수군절도사(水軍節度使)의 준말.

288) 방어사(防禦使) : 국방상 요지를 방어하는 병권(兵權)을 가진, 지방의 무관(武官). 절도사의 버금 자리로서 인조 때 경기, 함경도, 평안도, 강원도에 두었음.

289) 영장(營將) : 각 진영(鎭營)의 으뜸 장관(將官). 총융청(總戎廳)·수어청(守禦廳)·진무영(鎭撫營)과 팔도의 감영(監營)·병영(兵營)에 딸리는 두 가지 계통이 있으나 그 대상은 지방 군대의 관리에 있음.

290) 중군(中軍) : 영장(營將) 또는 사(使)의 다음 가는 장관(將官) 벼슬.

291) 통제사(統制使) : 선조 때에 충청도·전라도·경상도 삼도(三道)의 수군을 통솔하기 위하여 특별히 마련한 무관직. 선조 26년(1593)에 신설하였다. 맨 처음으로 전라좌도 수군절도사 이순신(李舜臣)을 임명함. 나중에는 통제사가 경상우도 수군절도사를 겸함. 종2품 관직이다.

292) 첨사(僉使) : 첨절제사(僉節制使)의 준말. 절도사의 관할에 속한 진(鎭)의 정3품 관직이다. 다만 목(牧), 부(府)의 소속지에는 수령이 겸임한다.

293) 만호(萬戶) : 무관직의 하나. 각 도(道)의 여러 진(鎭)에 딸린 종4품의 관직.

294) 병우후(兵虞侯) : 병사(兵使)와 우후(虞侯). 병마절도사와 각 지방 병영(兵營) 또는 수영(水營)에 딸린 종3품의 무반 관직.

295) 사도참군(四道參軍) : 개성(開城)·광주(廣州)·강화(江華)·수원(水原)의 종9품의 군관(軍官).

296) 권관(權管) : 변경의 작은 진(鎭)에 둔 종9품 무관. 처음에는 능력의 유무를 가려 파견했으나 나중에는 아무 기준 없이 파견했으므로 군졸과 변경에 끼친 해가 많았다 한다.

297) 부장(部將) : 오위(五衛)의 종6품 무관직. 정원은 25명. 오위를 폐지한 뒤에는 내삼청(內三廳)에 소속시킴. 또는 포도청의 군관(軍官). 보통 포도부장(捕盜部將), 포교(捕校)라고 부른 이들이다. 이 둘 중 어느 쪽을 지칭하는지는 알 수 없다.

경력(經歷)302)이며

내금장(內禁將)303) 오위장(五衛將)과 창검초관(槍劍哨官)304) 협연초관(挾輦哨官)305)

문음무(門蔭武)306) 열읍수령(列邑守令)307) 비천(秘薦)308)이며 병리(兵吏)빗309)을

택인비망(擇人備望)310) 일삼으니 임대책중(任大責重)311)하여서라

---

298) 훈련판사(訓鍊判事) : 훈련원(訓鍊院)의 종5품 관직. 훈련원은 군사의 시재(試才), 무예의 연마, 병서(兵書)의 강습 등에 관한 일을 맡는 정3품 관아.

299) 주부(主簿) : 중앙의 각 관아에 딸린 종6품의 낭관 벼슬. 여기서는 훈련원의 주부를 가리킨다.

300) 도총(都總) : 오위도총부(五衛都摠府)의 정2품 관직.

301) 도사(都事) : 오위도총부의 종5품 관직. 앞의 주 236)을 보라.

302) 경력(經歷) : 중추부, 오위도총부의 종4품 관직.

303) 내금장(內禁將) : 내금위(內禁衛)의 으뜸 벼슬. 수효는 3명. 내금위는 임금의 좌우에서 호위를 맡아보는 군대. 원래 종2품이었으나 효종 때 내금위가 금군청(禁軍廳)에 합쳐지면서 정3품이 됨.

304) 창검초관(槍劍哨官) : 금위영(禁衛營)에 소속된 종9품 무반직.

305) 협연초관(挾輦哨官) : 훈련도감(訓鍊都監)의 종9품 무반직. 임금의 거둥 때 연(輦)을 호위하는 역할을 맡는다.

306) 문음무(文蔭武) : 문(文)은 문과(文科)에 합격한 관원, 음(蔭)은 문과나 무과(武科)에 합격하기 전에 조상의 음덕이나 공로로 벼슬을 한 사람. 남행(南行)이라고도 한다. 무(武)는 무과에 합격한 관원.

307) 열읍수령(列邑守令) : 지방 각 군과 각 현의 군수나, 현령(縣令) 등 지방관을 말함.

308) 비천(秘薦) : 의정대신(議政大臣)이 천거하여 관직에 임명하는 일. 또는 그 관원.

309) 병리(兵吏)빗 : 병리색(兵吏色)이다. '빗'은 한자로 '색(色)'이라 쓴다. 곧 병리빗은 병리색(兵吏色)이다. '빗'은 사무의 한 분장을 말하는 바, 오늘날의 과(課)나 계(係)에 해당한다. 곧 병조와 이조에 속한 색의 담당자이다. 정5품 또는 정6품 관직이다. 병조의 정랑(正郞)에게는 무비색(武備色), 마색(馬色), 결속색(結束色) 등 9색(色)이 있고, 이조의 정랑에게는 사정색(司政色), 제향색(祭享色), 노직색(老職色) 등 8색이 있었다.

형조(刑曹)는 대사구(大司寇)312)라 포장(捕將)을 영통(領統)하여
각색(各色) 금란(禁亂) 조율(照律)313)하니 기강이 거룩하다

사복(司僕)314)의 내승주부(內乘主簿)315) 도제조며 부제조라
거덜316)이며 견마부(牽馬夫)317)는 초립(草笠)318)에 넓은 갓끈
누른 사319) 더그레320)며 푸른 긴 옷 벙거지321)며
이마(理馬)322)와 마의(馬醫)323)들은 말에는 백락(伯樂)324)일다

---

310) 택인비망(擇人備望) : 사람을 잘 가려 비망함. 비망은 비삼망(備三望)이니 관원을 임명할 때 후보자 세 사람을 추천하는 것을 말한다. 망(望)은 원래 모든 사람들이 바라는 후보자라는 뜻이다.

311) 임대책중(任大責重) : 소임이 크고 책임이 무거움.

312) 대사구(大司寇) : 형조(刑曹)의 별칭. 원래 주(周)나라 때 방금(防禁)·간악(奸惡)·포란(暴亂)에 관한 일을 맡은 추관(秋官)의 으뜸 벼슬을 대사구라 하였다. 그 일이 형조와 같기 때문에 형조의 별칭으로 쓰이게 된 것이다.

313) 조율(照律) : 어떤 범죄에 해당하는 형률을 검토함.

314) 사복(司僕) : 사복시(司僕寺)의 준말. 사복시는 궁중의 가마나 말에 관한 일을 맡아 보던 관청이다.

315) 내승주부(內乘主簿) : 궁중에 따로 둔 내사복시의 주부. 내사복시는 궁궐의 마구간과 임금이 타는 말과 수레 등을 관리함.

316) 거덜 : 사복시에서 말 치는 일을 맡아 보는 하례(下隷). 거달(巨達)이라고도 씀.

317) 견마부(牽馬夫) : 사복시에 딸린 하례. 말고삐를 잡고 임금을 모시고 따라다니는 일을 맡았음.

318) 초립(草笠) : 나이 어린 관례(冠禮)를 치른 남자가 쓰는, 누런 풀로 만든 모자. 대전별감이나 견마부들도 이것을 썼다.

319) 누른 사(紗) : 황색 비단.

320) 더그레 : 각 영문(營門)의 군사·마상재군(馬上才軍)·사간원의 알도(喝道)·의금부의 나장(羅將) 등이 입는 세 자락의 옷. 군사와 마상재군의 것은 소매가 없고, 알도와 나장의 것은 짧은 소매가 있으며, 그 소속에 따라 여러 가지 빛깔이 있음. 호의(號衣)라고도 함.

321) 벙거지 : 주 148)을 보라.

322) 이마(理馬) : 사복시의 정6품 잡직(雜職). 임금의 말에 관해 맡아봄.

백총마(白驄馬)[325] 청총마(青驄馬)[326]며 오추마(烏騅馬)[327] 자류마(紫騮馬)[328]며

연사라[329] 추마(騶馬)말[330]과 돈점총(點驄)이[331] 어승마(御乘馬)[332]다

동서간 너른 마구(馬廐) 계마천필(繫馬千匹)하였구나

문국부이마대(問國富以馬對)[333]라 천승지국(千乘之國)[334] 장할시고

하룻날 닷샛날은 내외 구마(廐馬)[335] 한데 모아

조마거동(調馬擧動)[336]할 적이면 한편에는 명금(鳴金)[337]하고

한편에는 명고(鳴鼓)[338]하며 말을 경계하여 갈 제

---

323) 마의(馬醫) : 사복시에 딸린 잡직. 말의 치료를 맡아봄.

324) 백락(伯樂) : 말을 잘 알아보는 것으로 이름난 춘추시대 진 목공(秦穆公) 때 사람. 그가 지나간 곳에는 좋은 말이 남아 있지 않았다고 한다.

325) 백총마(白驄馬) : 흰 빛이 나는 얼룩말.

326) 청총마(青驄馬) : 푸른 빛이 나는 얼룩말.

327) 오추마(烏騅馬) : 검은 털에 흰 털이 섞인 말.

328) 자류마(紫騮馬) : 밤빛과 같은 털빛을 가진 말.

329) 연사라 : 미상.

330) 추마(騶馬)말 : 털빛이 푸르고 흰 점이 섞여 있는 말.

331) 돈점총(點驄)이 : 몸에 돈짝만큼씩 한 둥근 점이 박혀 있는 말.

332) 어승마(御乘馬) : 임금이 타는 말.

333) 문국부이마대(問國富以馬對) : 나라의 부를 물어보매, 말의 숫자를 가지고 대답함. 곧 말의 숫자가 나라의 부(富)의 척도가 됨을 이르는 말임.

334) 천승지국(千乘之國) : 수레 천 대를 낼 수 있는 나라. 천자의 나라는 수레 만 대를 낼 수 있어 만승지국(萬乘之國)이라 하고, 제후의 나라는 천 대를 낼 수 있어 천승지국이라 함.

335) 구마(廐馬) : 마구간의 말.

336) 조마거동(調馬擧動) : 조마거둥. 매 달 횟수를 정하여 어마(御馬)를 시가를 걸어가게 하여, 왕의 거둥을 연습하는 것. 이 주석은 송신용(宋申用)의 것인데, 송신용이 14, 15세 때에 조마거둥 하는 것을 구경했다고 한다. 그 때 말 탄 사람은 이마(理馬) 전만복(田萬福)이란 사람이었다고 한다.

337) 명금(鳴金) : 바라를 울리는 것.

338) 명고(鳴鼓) : 북을 치는 것.

노량이며[339] 나는 품은 행운유수(行雲流水) 모양일다

장악원(掌樂院)[340] 협률랑(協律郎)[341]은 습악(習樂)하기 일삼으니
이원[342]제자(梨園弟子) 천여 명이 무동(舞童)[343] 악공(樂工)[344] 되었어라
제악(祭樂)[345]의 긴 곡조는 신명(神明)이 오시는 듯
여민락(與民樂)[346] 보허사(步虛詞)[347]는 여민동락(與民同樂) 한이 없다
포구락(抛毬樂)[348] 북춤[349]이며 학춤[350]이며 몽금척(夢金尺)[351]과

---

339) 노량이며 : 이런 짓 저런 짓 하고 놀아 가면서.

340) 장악원(掌樂院) : 조선시대에 국가와 왕실에서 필요한 음악을 맡아보던 관청. 악사(樂師)와 악공(樂工), 기생 등에게 관악, 현악, 무용 등을 가르쳤다.

341) 협률랑(協律郎) : 나라의 제향(祭享)이나 진연(進宴) 때 풍류를 연주하는 일을 맡은 벼슬. 장악원 관원 중에서 임시로 뽑았음.

342) 이원(梨園) : 당(唐)나라 현종(玄宗)이 당시의 속악을 익히게 하던 곳. 흔히 교방(敎坊)이라고도 하는데, 장악원의 별칭이기도 하다.

343) 무동(舞童) : 장악원의 정재(呈才) 때 춤을 추는 아이.

344) 악공(樂工) : 음악 연주에 종사하는 장악원의 잡직(雜織).

345) 제악(祭樂) : 국가의 제향(祭享) 때 연주하는 음악.

346) 여민락(與民樂) : 세종 때 용비어천가(龍飛御天歌)의 첫 네 장(章)과 끝 장을 합하여 새 곡을 붙인 아악곡(雅樂曲). 모두 10장으로 되어 나라의 잔치나 임금의 거둥 때 고취악(鼓吹樂)으로 연주되었다. '여민(與民)'은 원래 '여민동락(與民同樂)'에서 온 말로 임금이 백성과 즐거움과 고통을 함께한다는 뜻임.

347) 보허사(步虛詞) : '보허자(步虛子)'의 딴 이름. 왕세자의 거둥이 대궐 밖으로 나갈 때나 대궐 잔치 때 연주한 당악(唐樂)에 딸린 관악곡(管樂曲). 지금의 악곡은 세종 또는 세조 때 지은 것이라 하고, 원래 고려 때 송나라에서 들어온 오양선(五羊仙)의 창사였다고 한다.

348) 포구락(抛毬樂) : 궁중 연회에 기생들이 음악에 맞춰 노래를 부르고 춤을 추면서 공을 포구문(抛毬門)에 던져 구멍으로 빠져 나가면 꽃 한 송이를 주고, 못하면 얼굴에 점을 찍던 놀이.

349) 북춤 : 나라의 잔치 때 기생이 북을 치며 추는 춤.

350) 학춤 : 고려 때부터 흰 학과 푸른 학의 탈을 쓴 두 사람이 나와 추던 궁중춤의 하나. 이 춤을 추다가 두 연꽃을 터뜨리면 두 동녀(童女)가 나오고 학이 물러간

쟁강춤[352] 배떠나기[353] 화려도 거룩하다
그 중에 처용무(處容舞)[354]는 경주(慶州)로서[355] 왔다 하네
오색 빛 운하의(雲霞衣)[356]에 복두(幞頭)[357]를 바로 쓰고
너른 소매 긴 한삼(汗衫)[358]을 곡조마다 나부낄 제
붉은 얼굴 봉(鳳)의 눈은 반쯤 웃는 모양일다
천관(天官)[359]이 하림(下臨)한가[360] 보기에 신기하다

선혜청(宣惠廳)은 전곡부(錢穀府)[361]라 춘추대동(春秋大同)[362] 전세(田稅)들과

뒤에 이들이 연화대(蓮花臺)춤을 춘다.

351) 몽금척(夢金尺) : 조선 태조가 아직 임금에 오르기 전, 꿈에 신선이 주었다는 것을 상징하여 만든 금빛 나는 자. 궁중춤의 의장 도구로 쓰인다.

352) 쟁강춤 : 미상.

353) 배떠나기 : 어부들의 신세타령을 내용으로 한 서도민요, 또는 서도잡가의 하나. 예전에는 서울식과 서도식의 두 가지가 있었다고 한다.

354) 처용무(處容舞) : 궁중의 연회 때와 구나(驅儺) 뒤에 파랑·노랑·빨강·하양·검정의 옷을 입은 다섯 무동이 처용의 탈을 쓰고 다섯 방위로 벌여 서서 여러 장면을 바꾸어 추던 향악춤.

355) 경주(慶州)로서 : 경주(慶州)에서.

356) 운하의(雲霞衣) : 구름과 놀을 무늬로 그린 신선들이 입는 옷.

357) 복두(幞頭) : 과거에 급제한 사람이 합격증서인 홍패(紅牌)를 받을 때 쓰던 관. 모양이 사모(紗帽) 비슷한데, 턱이 지지 않고 위가 평평하며 네모져 있다.

358) 한삼(汗衫) : 손을 가리려고 웃옷이나 두루마기, 창옷, 여자의 저고리 따위의 두 소매 부리에 흰 헝겊으로 길게 덧대는 소매.

359) 천관(天官) : 하늘에 있는 신선.

360) 하림(下臨)한가 : 하림(下臨)하였는가.

361) 전곡부(錢穀府) : 돈과 곡식을 맡은 관아.

362) 대동(大同) : 본래 각 지방의 토산물로 바치는 공물(貢物)을 쌀로 통일하여 바치도록 한 세법인 대동법을 말한다. 대동은 크게 통일한다는 뜻으로 갖가지 공물을 쌀로 일원화한다는 뜻이다. 그러나 편의에 따라 돈, 무명 등을 거두기도 하였다.

조운(漕運)[363]배 강에 대고 각읍(各邑) 색리(色吏)[364] 호위(護衛)하여
말에 싣고 소에 싣고 큰 수레에 잠복[365] 실어
선머리는 들어오나 끝머리는 강에 있다
풍등대유(豐登大有)[366] 하였으니 국가의 복조(福祚)로다
십년지곡(十年之穀) 저축하니 진진상인(陣陣相因)[367]하였어라

중추부(中樞府)[368] 영판부(領判府)[369]는 추밀사(樞密事)[370] 되어 있고
홍문관(弘文館)[371] 대제학(大提學)[372]은 문장제술(文章製述)[373] 문형(文衡)[374]이요
성균관(成均館)[375] 대사성(大司成)[376]은 국자선생(國子先生)[377] 되어

---

363) 조운(漕運) : 배로 세곡(稅穀) 등을 운반하는 것.
364) 색리(色吏) : 관청의 특정 업무를 관할하는 담당 아전을 말한다.
365) 잠복 : 많이, 빽빽이.
366) 풍등대유(豐登大有) : 농사가 잘 되어 크게 풍년이 듦.
367) 진진상인(陣陣相因) : 오래 묵은 곡식이 창고에 가득 쌓여 있음.
368) 중추부(中樞府) : 세조 12년에 중추원(中樞院)의 고친 이름. 중추원은 원래는 왕명의 출납(出納), 병기(兵器), 숙위(宿衛) 등을 관장했으나 세조 때 중추부로 바꾸고는 실권 없는 이름만의 기관이 되었다. 이후 문무 당상관으로 일정한 사무가 없는 사람들의 벼슬자리가 되었음.
369) 영판부(領判府) : 중추부의 정1품관인 영중추부사(領中樞府事)와 종1품관인 판중추부사(判中樞府事)를 합쳐서 이르는 말.
370) 추밀사(樞密事) : 군사나 정무(政務)에 관한 중요한 사항.
371) 홍문관(弘文館) : 궁중의 경서·사적·문서를 관리하고 임금의 자문에 응하는 관서. 홍문관의 벼슬은 조선시대 으뜸으로 치는 좋은 벼슬이었다.
372) 대제학(大提學) : 홍문관과 예문관(藝文館)의 정2품 관직. 두 관청의 장(長)이며 최고로 명예롭게 치는 벼슬이었다.
373) 문장제술(文章製述) : 문장을 짓는 것. 국가나 왕의 명의로 나가는 문서는 대개 홍문관에서 짓기 때문에 이르는 말.
374) 문형(文衡) : 대제학의 별칭.
375) 성균관(成均館) : 유학의 교육을 맡아보던 관아. 고려조 충렬왕 24년(1308)에

있고

사간원(司諫院)[378] 사헌부(司憲府)는 직언극간(直言極諫) 엄숙하다

사시제향(四時祭享) 봉상시(奉常寺)[379]며 우양고시(牛羊羔豕)[380] 전생서(典牲署)[381]며

어보(御寶)[382]차지 상서원(尙瑞院)[383]과 의대진배(衣襨進排)[384] 상의원(尙衣院)[385]과

수라백미(水剌白米) 사도시(司導寺)[386]와 금은보패 내탕고(內帑庫)[387]며

기용병장(器用屛帳) 내수사(內需司)[388]와 각색 지속(紙屬) 장흥고(長興庫)[389]와

국학(國學)을 성균관으로 부르게 된 데서 유래함. 조선 최고의 교육기관이었다.

376) 대사성(大司成) : 성균관의 장관. 정3품. 대개 대제학이 겸임하였다.

377) 국자선생(國子先生) : 국자는 국자감(國子監)으로 성균관의 별칭이다. 곧 성균관 선생을 말한다.

378) 사간원(司諫院) : 임금에게 간(諫)하는 일을 맡던 관청. 미원(薇院)이라고도 한다.

379) 봉상시(奉常寺) : 나라의 제사와 시호(諡號)에 관한 사무를 맡던 관청.

380) 우양고시(牛羊羔豕) : 국가의 제사에 쓰는 네 가지 고기. 소와 양, 염소와 돼지의 고기.

381) 전생서(典牲署) : 국가의 제사에 쓸 양·돼지 따위를 기르는 일을 맡아 보던 관청.

382) 어보(御寶) : 왕의 도장.

383) 상서원(尙瑞院) : 옥새(玉璽)·부패(符牌)·절월(節鉞) 등을 맡아 보던 관청.

384) 진배(進排) : 물건을 나라에 바침.

385) 상의원(尙衣院) : 왕과 왕비의 의복을 만들어 바치고, 궁중의 보물들을 맡아 보던 관청.

386) 사도시(司導寺) : 궁중의 쌀과 장(醬), 겨자 등의 공급에 관한 일을 맡아 보던 관청.

387) 내탕고(內帑庫) : 임금의 개인 재물을 갈무리하던 창고.

388) 내수사(內需司) : 궁중에서 쓰는 쌀, 베, 잡물, 노비 등의 사무를 맡아보던 관청.

채소 공상(供上) 사포서(司圃署)[390]며 해물공상(海物供上) 사재감(司宰監)[391]과

실과(實果) 진배(進排) 장원서(掌苑署)[392]와 등유(燈油) 진배 내섬시(內贍寺)[393]며

약물(藥物) 대령 약방(藥房)[394]이며 각색 공상(供上) 공상청(供上廳)[395]과

재목(材木) 맡은 수어청(守禦廳)[396]과 군량 맡은 양향청(糧餉廳)[397]과

의장(儀杖)[398] 기명(器皿)[399] 제용감(濟用監)[400]과 사기(砂器) 어선(御膳)[401] 사옹원(司饔院)[402]과

---

389) 장흥고(長興庫) : 돗자리·종이·유둔(油芚) 등의 관리 및 궐내의 여러 관청에서 쓰는 물품의 공급에 관한 일을 맡은 관청.

390) 사포서(司圃署) : 궁중의 원포(園圃)·채소 등에 관한 일을 맡아 보던 관청.

391) 사재감(司宰監) : 궁중에서 쓰이는 생선·고기·소금·연료 등에 관한 일을 맡아 보던 관청.

392) 장원서(掌苑署) : 궁중 정원의 꽃과 과일나무 등에 관한 일을 맡은 관청.

393) 내섬시(內贍寺) : 여러 궁에 올리는 음식물, 2품 이상의 벼슬아치에게 주는 술과 안주, 왜인과 야인(野人)에게 내려주는 음식물과 포목(布木) 등을 맡아 보는 관청.

394) 약방(藥房) : 내의원(內醫院)을 말함. 내의원은 궁중의 의약(醫藥)을 맡아 보던 관청. 대궐 안에 있었다.

395) 공상청(供上廳) : 조선조 말엽 채소·생선 따위를 궁중에 공급하는 궁내(宮內) 사옹원(司饔院)의 한 분장 관아.

396) 수어청(守禦廳) : 오군영(五軍營)의 하나. 인조 4년(1626)에 남한산성(南漢山城)을 개축하고 설치하였다. 광주(廣州) 등의 진(鎭)과 남한산성을 통제함.

397) 양향청(糧餉廳) : 훈련도감 안에서 군수품(軍需品)을 맡아 보던 관청.

398) 의장(儀杖) : 왕의 위의(威儀)를 갖추는 부(斧)·월(鉞)·개(盖)·선(扇) 등을 말함.

399) 기명(器皿) : 그릇 따위를 말함.

400) 제용감(濟用監) : 모시, 마포, 피물, 인삼의 진헌(進獻) 및 의복과 사(紗), 나(羅), 능(綾), 단(緞)의 사여와 포화와 염직(染織)을 맡아보던 관청.

백관반록(百官頒祿)[403] 광흥창(廣興倉)[404]과 군병방료(軍兵放料)[405] 군자감(軍資監)과

제가시서(諸家詩書) 승문원(承文院)[406]과 척신(戚臣)[407]공의(功議)[408] 돈녕부(敦寧府)[409]며

---

401) 어선(御膳) : 왕에게 올리는 음식.

402) 사옹원(司饔院) : 임금와 대궐 안의 식사 공급을 맡은 관청. 상식(尙食), 사선(司膳), 주원(廚院)이라고도 한다.

403) 반록(頒祿) : 임금이 녹봉(祿俸)을 내려 주는 것.

404) 광흥창(廣興倉) : 벼슬아치의 봉급을 맡아서 관리하던 호조에 딸린 관청. 사록관(司祿館), 천록사(天祿司), 대창서(大倉署)라고도 한다. 서울 와우산(臥牛山) 아래에 창고가 있었다.

405) 방료(放料) : 매달 요(料)를 나누어 주는 것. 요(料)는 잡직(雜職), 각 군문(軍門)·아문(衙門)의 장교(將校)·역원(役員) 등과 그 밖의 구실아치들에게 급료로 사맹삭(四孟朔)에 나누어 주는 쌀·콩·보리·무명·베·돈을 통틀어 이르는 말. 녹(祿)이 양반 관직에 주는 정식 급료라면, 요는 잡직이나 하급 무반직 등의 노동에 대한 대가의 의미가 강하다.

406) 승문원(承文院) : 외교에 관한 문서, 즉 사대(事大)·교린(交隣)에 관한 문서를 맡아보는 관청. 괴원(槐院)이라고 한다.

407) 척신(戚臣) : 임금과 고종(姑從), 내종(內從), 외종(外從) 등의 관계에 있는 신하.

408) 공의(功議) : 팔의(八議)에 들어 있는 의공(議功)과 의친(議親)의 합칭. 팔의는 평의(評議)에 의해 형벌을 감면하는 8가지 조건. 왕실의 일정한 친척인 의친(議親), 왕실과 고구(故舊)의 관계로 여러 해 특별히 은덕을 입은 사람인 의고(議故), 국가에 큰 공훈을 세운 의공, 큰 덕행이 있는 현인 군자인 의현(議賢), 재능이 뛰어나 왕업(王業)을 보좌하고 인륜의 모범이 될 만한 사람인 의능(議能), 문관 또는 무관으로 성실하게 봉직하거나 사신으로 나가 노력이 현저하여 공로가 있는 사람인 의근(議勤), 벼슬이 1품인 사람, 문무관 3품 이상인 사람, 산관(散官) 2품 이상인 의귀(議貴), 전대 임금의 자손으로 선대의 제사를 맡아 국빈(國賓)이 된 사람인 의빈(議賓)이 8가지 죄를 감해 주는 경우다. 공의는 이 중 의공과 의친의 관계에 있는 사람을 지칭한다.

409) 돈녕부(敦寧府) : 돈녕(敦寧)의 친목을 위한 사무를 처리하는 관청. 돈녕이란 왕실의 친척을 말한다. 왕의 동성(同姓)은 9촌 이내, 이성(異姓)은 6촌 이내, 왕비의 동성은 8촌 이내, 이성은 5촌 이내, 세자빈(世子嬪)의 동성은 6촌 이내, 이성

시지(試紙)410) 자문(咨文)411) 조지서(造紙署)412)며 칙사(勅使)413)대접 예빈시(禮賓寺)414)며

천문(天文) 택일(擇日)415) 관상감(觀象監)416)과 민간질병 활인서(活人署)417)며

청학(淸學)418) 왜학(倭學)419) 사역원(司譯院)420)과 의학주장(醫學主掌) 전의감(典醫監)421)과

종실(宗室)422)선파(璿派)423) 종친부(宗親府)424)와 도위(都尉)425) 첨위

은 3촌 이내에 드는 사람임.

410) 시지(試紙) : 과거에 쓰던 종이. 명지(名紙), 정초(正草)라고도 한다.

411) 자문(咨文) : 중국과의 사이에 왕복하는 공문서. 곧 여기에 쓴 종이. 지질이 단단하고 희며, 두껍다. 표자지(表咨紙)라고도 한다.

412) 조지서(造紙署) : 조정에서 사용하는 종이의 제조를 맡던 관청. 창의문(彰義門) 밖 탕춘대(蕩春臺) 부근에 있었다.

413) 칙사(勅使) : 중국 황제의 명을 받고 우리나라에 들어오는 사신.

414) 예빈시(禮賓寺) : 외빈의 접대 및 외교를 맡던 관청.

415) 택일(擇日) : 길일을 택하는 것.

416) 관상감(觀象監) : 천문(天文)·지리(地理)·역수(曆數)·측후(測候)·시각 측정 등을 맡아보던 관청. 서운관(書雲觀)이라고도 한다.

417) 활인서(活人署) : 도성 내에 거주하는 병자의 치료에 관한 사항을 관장하던 관청. 대비원(大悲院)이라고도 한다.

418) 청학(淸學) : 만주말. 곧 여진어(女眞語)를 의미함.

419) 왜학(倭學) : 일본어.

420) 사역원(司譯院) : 외국어인 중국어·일본어·여진어·몽고어의 번역과 통역을 담당하던 관청. 통문관(通文館)이라고도 한다.

421) 전의감(典醫監) : 궁중에서 사용하는 의약의 공급 및 왕이 하사하는 의약에 관한 일을 맡아보는 관아. 태의감(太醫監), 사의서(司醫署)라고도 한다.

422) 종실(宗室) : 종친(宗親), 곧 왕족을 말한다.

423) 선파(璿派) : 왕실의 각 지파(支派).

424) 종친부(宗親府) : 동반(東班) 정1품의 아문(衙門)으로서 역대 국왕의 계보(系譜)와 초상(肖像)을 보관하고, 국왕과 왕비의 의복을 관장하며, 왕실의 각 계파(系派)를 감독하는 오상사(五上司)의 하나임.

(僉尉)426) 의빈부(儀賓府)427)며

불망공신(不忘功臣) 충훈부(忠勳府)428)와 양로조신(養老朝臣) 기로서(耆老署)429)라

설관(設官) 분직(分職) 하였으니, 임현사능(任賢使能)430) 거룩하다.

사학(四學)431)이 분배하여 유학(儒學)을 교훈하니

명륜당(明倫堂)432) 대성전(大成殿)433)은 우리나라 반궁(泮宮)434)이라

일백 명 태학사(太學士)435)는 부자(夫子)436) 위패 모셔 있고

---

425) 도위(都尉) : 부마도위(駙馬都尉)의 준말. 공주(公主)나 옹주(翁主)의 남편이 된 사람을 부르는 말.

426) 첨위(僉尉) : 현주(縣主), 곧 왕세자의 서녀(庶女)에게 장가든 자의 관직.

427) 의빈부(儀賓府) : 부마도위, 부위(副尉), 첨위(僉尉)에 관한 일을 맡아보는 관청. 의빈(儀賓)은 부마도위와 같은, 왕족은 아니면서 왕족과 혼인한 사람의 통칭. 임금은 절대군주이므로 빈객(賓客)이 있을 수 없으나 의례적(儀禮的) 사적(私的)으로 보아서 빈객이라는 의미다.

428) 충훈부(忠勳府) : 모든 공신(功臣)의 훈공(勳功)을 기록하고 관리하던 관청.

429) 기로서(耆老署) : 나이가 많은 임금이나 실직(實職)에 있는 70세가 넘은 정2품 이상의 문관들을 예우하기 위하여 마련한 관청. 현재 세종로 네거리 기념비각(紀念碑閣) 부근에 있었다.

430) 임현사능(任賢使能) : 유능한 사람에게 임무를 맡기고 부리는 것.

431) 사학(四學) : 선비를 가르치기 위해 서울의 중앙과 동・남・서에 세운 네 학교. 중학(中學)・동학(東學)・남학(南學)・서학(西學)의 교육 기관을 통틀어 이르는 말.

432) 명륜당(明倫堂) : 성균관의 유학을 강학(講學)하던 건물. 요즈음의 강의실에 해당한다. 명륜당이란 이름은 윤리와 도덕을 밝히는 집(明倫理道德之堂)이란 뜻이다.

433) 대성전(大成殿) : 성균관의 공자의 위패를 모신 전각(殿閣). 곧 문묘(文廟)를 말한다.

434) 반궁(泮宮) : 성균관의 별칭. 원래 주(周)나라 때 제후(諸侯)의 도읍에 설립한 교육 기관을 말한다. 동서(東西) 문 남쪽을 물로 둘러싸고 있었음. 그것을 '반수(泮水)'라고 부른 데서 반궁이란 말이 나오게 되었음.

행단(杏壇)[437]에 늦은 춤[438]은 연비여천(鳶飛戾天)[439]하는구나
국가의 근본이요 초현(招賢)하는 도리로다
존경각(尊經閣)[440] 높은 집에 만권서(萬卷書) 쌓아 놓고
주송야강(晝誦夜講) 하니 성현(聖賢)의 풍도(風度)로다
추로지방(鄒魯之邦)[441] 분명하고 정주지학(程朱之學)[442] 장하도다

남편은 숭례문(崇禮門)[443]과 동편은 흥인문(興仁門)[444]과
서편은 소의문(昭義門)[445]과 북편은 창의문(彰義門)[446]이

---

435) 태학사(太學士) : 곧 태학생(太學生)을 이른 것이니, 성균관의 장의(掌議) 이하 생원과 진사(進士)의 총칭이다.

436) 부자(夫子) : 공부자(孔夫子). 곧 공자(孔子)를 말한다.

437) 행단(杏壇) : 학문을 닦는 곳. 공자가 은행나무단 위에서 제자를 가르쳤다는 데서 유래한 말이다. 좁게는 중국 산동성(山東省) 곡부(曲阜)의 성묘전(聖廟殿) 앞에 있는 공자의 강학소(講學所)의 터를 말하지만, 우리나라의 성균관 앞 뜰에도 공자의 고사를 따라 은행나무를 심었기에 곧 우리나라 성균관을 의미하는 것으로 보아야 할 것이다.

438) 늦은 춤 : 느린 춤.

439) 연비여천(鳶飛戾天) : 『시경(詩經)』「한록(旱麓)」에 나오는 말. "솔개가 하늘 높이 날아 오른다"는 뜻임. 여기서는 춤추는 모양이 마치 솔개가 하늘 높이 나는 것과 같다는 뜻이다.

440) 존경각(尊經閣) : 성균관의 장서각(藏書閣), 곧 도서관이다. 성종 6년에 세웠다.

441) 추로지방(鄒魯之邦) : 추(鄒)는 맹자의 고향, 노(魯)는 공자의 고향. 곧 예절을 알고 학문을 부지런히 닦는 곳을 말한다.

442) 정주지학(程朱之學) : 송(宋)의 정호(程顥)·정이(程頤) 형제와 주자(朱子)에 의해 완성된 학문, 곧 성리학을 말한다.

443) 숭례문(崇禮門) : 서울의 남대문.

444) 흥인문(興仁門) : 서울의 동대문.

445) 소의문(昭義門) : 서울 서남쪽에 있던 문. 통칭 서소문(西小門). 1914년에 헐렸음.

446) 창의문(彰義門) : 서울 창의동에 있는 사소문(四小門)의 하나. 사소문 중 유일하게 남아 있는 것이다. 속칭 '자문'이라는 것이다.

사관(四關)[447]이 되었으니 수문장(守門將) 호군부장(護軍部將)
수문군(守門軍) 영통(靈通)하여 칼을 꽂고 신칙(申飭)한다
팔로(八路)를 통하였고 연경(燕京)[448] 일본 닿았구나

우리나라 소산들도 부끄럽지 않건마는
타국 물화(物貨) 교합(交合)하니 백각전(百各廛)[449] 장할시고
칠패(七牌)[450]의 생선전(生鮮廛)[451]에 각색 생선 다 있구나
민어 석어(石魚)[452] 석수어(石首魚)[453]며 도미 준치 고등어며
낙지 소라 오적어(烏賊魚)[454]며 조개 새우 전어로다

남문 안 큰 모전(毛廛)[455]에 각색 실과(實果) 다 있구나
청실뇌[456] 황실뇌[457] 건시(乾柹)[458] 홍시(紅柹) 조홍시(早紅柹)[459]며

---

447) 사관(四關) : 사대문의 문 빗장이란 뜻. 곧 서울로 들어올 때 반드시 거쳐야 하는 문이란 뜻.
448) 연경(燕京) : 중국의 북경(北京).
449) 백각전(百各廛) : 평시서(平市署)에서 관할하던 서울의 온갖 전(廛). 전(廛)은 점포, 가게의 뜻이다.
450) 칠패(七牌) : 지금의 용산구 청파동(靑坡洞) 일대.
451) 생선전(生鮮廛) : 생선을 팔던 노점. 생선전은 종로 서린동과 종로 1가 사이에 정식으로 나라의 허가를 받은 곳, 곧 시전(市廛)이 있다. 여기서의 생선전은 난전(亂廛)을 말한다.
452) 석어(石魚) : 쑤기미.
453) 석수어(石首魚) : 조기.
454) 오적어(烏賊魚) : 오징어.
455) 모전(毛廛) : 과일과 건어물을 파는 가게. 모퉁이에 있다고 해서 모전이라 한다. 우전(隅廛)이라고도 쓴다.
456) 청실뇌 : 배의 한 종류. 일찍이 익으며 껍질 빛깔이 푸르고 물기가 많으며 맛이 좋다.
457) 황실뇌 : 배의 한 종류. 빛깔이 누르고 크며 맛이 좋다.

밤 대추 잣 호도며 포도 경도(瓊桃)460) 오얏461)이며
석류 유자 복숭아며 용안(龍眼)462) 여지(荔枝)463) 당대출다464)

상미전(上米廛)465) 좌우 가가(假家)466) 십년지량(十年之糧) 쌓았어라
하미(下米) 중미(中米) 극상미(極上米)며 찹쌀 좁쌀 기장쌀과
녹두 청태(靑太)467) 적두(赤豆)팥과 마태(馬太)468) 중태(中太) 기름
탤469)다
되를 들어 자랑하니 민무기색(民無飢色)470) 좋을시고

수각다리471) 넘어서니 각색 상전(商廛)472) 벌였어라
면빗473) 참빗 얼레빗474)과 쌈지475) 줌치476) 허리띠며

---

458) 건시(乾柹) : 곶감.
459) 조홍시(早紅柹) : 감나무의 한 가지. 다른 종류보다 열매가 일찍 익고 빛깔이 몹시 붉다.
460) 경도(瓊桃) : 복숭아.
461) 오얏 : 복숭아와 비슷한데 조금 작고 신맛이 있다. 자두.
462) 용안(龍眼) : 열대 지방에서 나는 용안나무의 열매. 약재로도 쓰인다.
463) 여지 : 박과에 딸린 한해살이 덩굴풀. 여기서는 그 열매를 말한다.
464) 당대출다 : '당(唐)대추르다' 곧 '당대추일다'의 줄임말.
465) 상미전(上米廛) : 서울 종로의 서쪽에 있던 싸전.
466) 가가(假家) : 임시 필요에 의해 지은 간단한 가건물. 가건물로 지은 노점, 점포의 뜻으로도 쓰인다.
467) 청태(靑太) : 콩의 한 종류. 푸르대콩.
468) 마태(馬太) : 말먹이 콩.
469) 기름태 : 콩나물을 기르는 데 쓰는 자디잔 흰콩. '기름콩'의 사투리.
470) 민무기색(民無飢色) : 백성들에게 굶주린 기색이 없음.
471) 수각(水閣)다리 : 남대문로(南大門路) 3가, 북창동(北倉洞) 어귀 현 중구청 앞.
472) 상전(商廛) : 상점.
473) 면빗 : 살쩍머리를 빗는 갸름하게 만든 작은 빗.
474) 얼레빗 : 살이 굵고 성긴 빗.

총전[477] 보료[478] 모탄자(毛彈子)[479]며 간지(簡紙)[480] 주지(周紙)[481] 당주질(唐周紙)[482]다

큰광통교(廣通橋)[483] 넘어서니 육주비전(六注比廛)[484] 여기로다
일 아는 여립군(列立軍)[485]과 물화 맡은 전시정(廛市井)[486]은
큰창옷[487]에 갓을 쓰고 소창옷[488]에 한삼(汗衫) 달고

---

475) 쌈지 : 담배 또는 부시를 담는 주머니. 종이, 헝겊, 가죽 따위로 만든다.

476) 줌치 : 주머니.

477) 총전 : 말총을 넣어 만든 방석.

478) 보료 : 솜, 짐승의 털로 속을 넣고 헝겊으로 싸서 만든 장방형의 요.

479) 모탄자(毛彈子) : 담요, 모포.

480) 간지(簡紙) : 장지(壯紙)로 만든 편지지. 정중한 편지에 썼고 봉투도 같은 장지로 하였다. 장지는 두껍고 질기며 질이 썩 좋은 종이.

481) 주지(周紙) : 두루말이.

482) 당주지(唐周紙) : 중국에서 수입한 두루마리.

483) 큰광통교(廣通橋) : 대광통교. 현재 남대문로 1가.

484) 육주비전(六注比廛) : 서울 종로에 있는 여섯 전(廛). 비단 등속을 파는 선전(縇廛), 면포(綿布)를 파는 면포전, 면주(綿紬)를 파는 면주전, 종이를 파는 지전(紙廛), 저포(苧布)를 파는 저포전을 각각 한 주비(注比)로 하고, 내어물전(內魚物廛)과 청포전(靑布廛)을 합하여 한 주비로 함. 정조 18년에 내어물전과 청포전을 주비전에서 내치고 포전(布廛)을 올려 여섯 주비로 하였는데, 순조 원년에 다시 내어물전과 외어물전 두 전을 합하여 한 주비로, 포전을 저포전에 붙여서 한 주비로 하여 그 수 여섯에 충당하나, 실제에 있어서 전의 수효는 여덟이므로 팔주비전(八注比廛)의 명칭이 있음. 갑오경장 때 폐지함. 육의전(六矣廛)이라고도 함.

485) 여립군(列立軍) : 상점 앞에 서서 손님을 끌어 들이어 물건을 사게 하고, 상점 주인으로부터 삯을 받는 사람. 중도위, 곧 거간. '列立軍'은 여리꾼의 취음(取音).

486) 전시정(廛市井) : 전(廛)을 내고 장사를 하는 상인.

487) 큰창옷 : 벼슬하지 않은 선비가 입는 웃옷의 하나. 넓은 소매에 길이가 길고, 앞은 두 자락, 뒤는 한 자락이며, 무가 없이 옆이 터졌다. 외출할 때 입는다. 중치막의 딴말이다.

488) 소창옷 : 두루마기와 같은데 무가 없는 세 자락으로 된 옷. 외출할 때 웃옷으

사람 불러 홍정[489]할 제 경박하기 측량없다

백목전(白木廛)[490] 각색 방(房)에 무명이 쌓였어라

강진목(康津木)[491] 해남목(海南木)[492]과 고양(高陽)나이[493] 강(江)나이[494]며

상고목(商賈木)[495] 군포목(軍布木)[496]과 공물목(貢物木)[497] 무녀포(巫女布)[498]와

천은(天銀)[499]이며 정은(丁銀)[500]이며 서양목(西洋木)[501]과 서양주(西洋紬)[502]라

지전(紙廛)을 살펴보니 각색 종이 다 있구나

로 입는다.

489) 홍정[興成] : 매매를 소개하는 것. 곧 홍정을 붙이는 것.

490) 백목전(白木廛) : 면포전(綿布廛)의 별칭. 무명을 파는 곳이다.

491) 강진목(康津木) : 전라도 강진(康津) 지방에서 나는 무명.

492) 해남목(海南木) : 전라도 해남(海南) 지방에서 나는 무명.

493) 고양(高陽)나이 : 경기도 고양(高陽) 지방에서 나는 무명. 나이는 '낳이'로서 피륙을 짜는 일, 또는 그 피륙을 말한다.

494) 강(江)나이 : 경강(京江) 곧 한강 연변 지방에서 짠 무명.

495) 상고목(商賈木) : 품질이 낮은 무명.

496) 군포목(軍布木) : 군역(軍役)을 져야 하는 사람이 군역을 직접 지는 대신 바치는 삼베와 무명.

497) 공물목(貢物木) : 백성들이 공물 대신 바치는 무명.

498) 무녀포(巫女布) : 무당에게서 세금으로 징수하는 무명.

499) 천은(天銀) : 순은(純銀). 곧 품질이 좋은 은.

500) 정은(丁銀) : 품질이 낮은 은.

501) 서양목(西洋木) : 되게 드린 무명실로 폭이 넓고 바닥이 곱게 짠 피륙. 광목보다 바닥이 곱고 희다. 서양에서 중국을 거쳐 들어왔기 때문에 서양목이라 하기도 하고, 당목(唐木)이라 하기도 한다. 줄여서 '생목'이라고도 한다.

502) 서양주(西洋紬) : '생사(生絲)'의 원말인 서양사(西洋紗).

백지(白紙) 장지(壯紙)[503] 대호지(大好紙)[504]며 설화지(雪花紙)[505] 죽청지(竹靑紙)[506]며

선익지(蟬翼紙)[507] 화초지(花草紙)[508]며 깨끗할사 백면지(白綿紙)[509]며

상화지(霜花紙)[510] 자문지(咨文紙)[511]며 초도지(初塗紙)[512] 상소지(上疏紙)[513]며

천연지(川連紙)[514] 모토지(毛土紙)[515]와 모면지(毛綿紙)[516] 분당지(粉唐紙)[517]와

궁전지(宮箋紙)[518] 시축지(詩軸紙)[519]와 각색 능화(菱花)[520] 고울시고

---

503) 장지(壯紙) : 우리나라에서 만든 두껍고 단단한 질이 좋은 한지의 한 가지.

504) 대호지(大好紙) : 품질이 비교적 좋고 넓고 긴 조선 종이. 응제시(應製試)의 시권(詩券) 등으로 쓰임. 장지보다는 질이 낮다.

505) 설화지(雪花紙) : 백지(白紙)의 한 가지. 강원도 평창에서 생산된 것으로 눈처럼 희다.

506) 죽청지(竹靑紙) : 몸이 단단하고 아주 얇은 종이.

507) 선익지(蟬翼紙) : 백지의 한 가지로 선익문(蟬翼紋)이 있는 아주 얇은 종이.

508) 화초지(花草紙) : 화초 무늬가 있는 화전지(花箋紙). 목판에 각종 물형(物形)을 조작하여 박아낸 종이.

509) 백면지(白綿紙) : 빛깔이 희고 품질이 아주 좋은 종이. 중국에 예물을 보내는 데에 흔히 쓰였다.

510) 상화지(霜花紙) : 전라도 순창군(淳昌郡) 부근에서 나는 종이로 윤이 나고 질김. 설화지(雪華紙)라고도 씀.

511) 자문지(咨文紙) : 중국에 보내는 공문에 쓰는 두껍고 단단한 종이.

512) 초도지(初塗紙) : 초벌로 도배할 때 쓰는 질이 낮은 종이.

513) 상소지(上疏紙) : 임금에게 상소를 올릴 때 쓰는 종이.

514) 천연지(川連紙) : 중국에서 수입한 종이의 한 가지. 흔히 편지지로 씀.

515) 모토지(毛土紙) : 중국에서 수입한 종이의 한 가지.

516) 모면지(毛綿紙) : 중국에서 수입한 종이의 한 가지.

517) 분당지(粉唐紙) : 중국에서 수입한 빛이 희고 얇은 종이.

518) 궁전지(宮箋紙) : 궁중에 쓰는 편지지.

519) 시축지(詩軸紙) : 시를 쓰는 두루마리.

520) 능화(菱花) : 능화지(菱花紙)의 준말. 마름 무늬를 조각한 능화판에 대고 찍어

베전[521]을 살펴보니 각색 마포(麻布) 들어찼다

농포(農布)[522] 세포(細布)[523] 중산(中山)치[524]와 함흥오승(咸興五升)[525] 심의포(禕衣布)[526]며

육진장포(六鎭長布)[527] 안동포(安東布)[528]며 계추리[529] 해남포(海南布)[530]와

왜(倭)베[531] 당(唐)베[532] 생(生)계추리[533] 문포(門布)[534] 조포(造布)[535] 영춘포(永春布)[536]며

길주(吉州) 명천(明川) 가는 베는 바리 안에 드는 베[537]다

능화 무늬가 비치게 한 종이.

521) 베전 : 포전(布廛)의 속칭.

522) 농포(農布) : 농가에서 자기네들이 쓸 옷감으로 짠 베.

523) 세포(細布) : 가는 베.

524) 중산(中山)치 : 미상.

525) 오승(五升) : 다섯 새 베. 1승(升)은 40경(經), 곧 40날임.

526) 심의포(禕衣布) : 상복을 만드는 삼베.

527) 육진장포(六鎭長布) : 함경도 경원(慶源)·회령(會寧)·종성(鐘城)·온성(穩城)·경흥(慶興)·부령(富寧) 등 6진에서 생산하는 마포로서 한 필의 길이가 40척이 넘는 것.

528) 안동포(安東布) : 경상도 안동에서 생산하는 삼베. 가늘고 고우며, 빛깔이 붉고 누르며 바탕이 단단하다. 여름 옷감으로 유명하다.

529) 계추리 : 경상북도에서 나는 삼베의 한 종류. 삼의 겉껍질을 긁어버리고 만든 실로 짠다. 황저포(黃紵布)라고도 한다.

530) 해남포(海南布) : 전라도 해남에서 나는 삼베.

531) 왜(倭)베 : 일본에서 수입한 삼베.

532) 당(唐)베 : 중국에서 수입한 삼베.

533) 생(生)계추리 : 삶아 익히지 않은 계추리.

534) 문포(門布) : 중국 책문(柵門) 지방에서 나는 삼베.

535) 조포(造布) : 함경북도에서 나는 삼베로, 폭이 좁고 감이 두텁고 올이 치밀하다. 쪽조포라고도 한다.

536) 영춘포(永春布) : 강원도 영춘군에서 나는 삼베.

청포전(靑布廛)[538] 살펴보니 당물화(唐物貨)[539]가 벌여 있다

중침(中針) 세침(細針) 수바늘과 다홍삼승(三升)[540] 청삼승(靑三升)[541]과

녹전(綠氈)[542] 홍전(紅氈) 분홍전(粉紅氈)과 삼승고약(三升膏藥)[543] 공단고약(貢緞膏藥)

감투[544] 모자 회회포(回回布)[545]와 민강사당(閩薑沙糖)[546] 오화당(五花糖)[547]과

연환당(軟環糖)[548] 옥춘당(玉春糖)[549]과 갖은 당속(糖屬) 벌여 있다

---

537) 바리 안에 드는 베 : 아주 고운 베. 한 필을 접어서 바리때에 전부 담을 수 있을 만큼 얇고 곱게 짠 베를 이른다. 바리안베, 바리포라고 한다. 바리는 놋쇠로 만든 여자의 밥그릇이다.

538) 청포전(靑布廛) : 우리나라와 중국 및 외국의 화포(花布)와 청포(靑布) 홍포(紅布) 등과 전(氈) 담요 담모자(毯帽子) 등을 전문으로 판매한다. 내어물전(內魚物廛)과 아울러 한 주비(注比)가 되었고, 유푼전(有分廛)으로 국역(國役) 삼분(三分)을 부담함. 정조 18년에 주비전의 자격을 잃음.

539) 당물화(唐物貨) : 중국에서 수입한 물화.

540) 다홍삼승(三升) : 다홍색의 삼승포. 삼승포는 폭이 석 새가 되게 짠 거친 베.

541) 청삼승(靑三升) : 푸른빛 나는 삼승포.

542) 녹전(綠氈) : 중국에서 수입한 모직물. 초록색의 전방석(氈方席). 활의 화피 단장에서 심고 어름에 둘러 꾸미는 데 쓴다.

543) 삼승고약(三升膏藥) : 삼승(三升) 또는 공단(貢緞)에 고약(膏藥)을 바른 것인데 배꼽에 붙인다. 중국산 난제고(暖臍膏).

544) 감투 : 감투는 쳇불처럼 결은 말총이나 가죽 헝겊 등으로 결은 모자. 여기서는 모물(毛物)로 만든 방한용의 것이다.

545) 회회포(回回布) : 몽고산 무명의 일종.

546) 민강사당(閩薑沙糖) : 중국 민(閩) 지방, 곧 복건성(福建省)에서 생산되는 생강을 원료로 하여 만든 사탕.

547) 오화당(五花糖) : 중국에서 수입한 오색으로 물들여 만든 사탕.

548) 연환당(軟環糖) : 중국에서 수입한 사탕의 한 종류.

549) 옥춘당(玉春糖) : 쌀가루로 만든 과자의 한 가지. 잎사귀나 그 밖의 여러 가지 모양으로 빛깔을 맞추어서 만든다.

선전(縇廛)[550]은 수전(首廛)이라 돈 많은 시정(市井)들이

호사(豪奢)도 혼란(焜爛)[551]하고 인물도 준수하다

각색 비단 벌였으니 화려(華麗)도 장할시고

공단(貢緞)[552] 대단(大緞)[553] 사단(紗緞)[554]이며 궁초(宮綃)[555] 생초(生綃)[556] 설한초(雪漢綃)[557]며

금계제파일륜홍(金鷄啼罷一輪紅)[558]하니 날 돋았다 일광단(日光緞)[559]과

일년명월금소다(一年明月今宵多)[560]하니 달이 밝은 월광단(月光緞)[561]과

추운담담영유유(秋雲淡淡暎悠悠)[562]하니 보기 좋은 운문대단(雲紋大緞)[563]

춘풍도리화개야(春風桃李花開夜)[564]하니 번화로운 도리(桃李)[565]불수

---

550) 선전(縇廛) : 비단을 팔던 육주비전의 하나. 한양이 조선의 도읍으로 정해진 뒤 가장 일찍 생긴 전(廛)이기에 수전(首廛)이라고도 함. 유푼전(有分廛)으로 국역(國役)의 십분(十分)을 담당하였다.

551) 혼란(焜爛) : 번쩍번쩍 빛이 남.

552) 공단(貢緞) : 두껍고 무늬가 없는 비단의 한 가지.

553) 대단(大緞) : 중국에서 나는 비단의 한 가지. 한단(漢緞).

554) 사단(紗緞) : 사(紗)와 비단.

555) 궁초(宮綃) : 비단의 한 종류.

556) 생초(生綃) : 생사(生絲)로 얇게 짠 사붙이의 하나.

557) 설한초(雪漢綃) : 비단의 한 종류.

558) 금계제파일륜홍(金鷄啼罷一輪紅) : 금빛 닭이 울기를 마치자 붉은 수레가 떠오른다는 뜻. 새벽이 지나자 붉은 바퀴, 곧 해가 떠오른다는 뜻이다.

559) 일광단(日光緞) : 해나 햇볕 무늬를 놓은 비단의 한 가지.

560) 일년명월금소다(一年明月今宵多) : 일년 중 밝은 달이 오늘 밤에 가장 밝게 빛난다는 뜻. 한유(韓愈)의 시 「팔월십오야증장공조(八月十五夜贈張功曹)」에 나오는 한 구절이다.

561) 월광단(月光緞) : 달 무늬를 놓은 비단의 한 가지.

562) 추운담담영유유(秋雲淡淡暎悠悠) : 가을 구름이 맑아 유유하게 비침.

563) 운문대단(雲紋大緞) : 구름무늬를 놓은 중국 비단. 구름무늬한단.

(佛手)[566]

매화만국청모적(梅花萬國聽暮笛)[567] 매죽문(梅竹紋) 가계주[568]며

용귀호동운유습(龍歸虎洞雲猶濕)[569]하니 혼란(焜爛)할사 용문갑사(龍紋甲紗)[570]

상사불견(相思不見) 이내 마음 임 그리운 상사단(相思緞)과

은한성희일도통(銀漢星希一道通)[571]하니 통해주(通海紬)[572] 이름 짓고

명괘금방제일인(名掛金榜第一人)[573]하니 장원주(壯元紬)[574] 되어 있고

산천초목 번성하니 넌출진[575] 포도대단(葡萄大緞)[576]

---

564) 춘풍도리화개야(春風桃李花開夜) : 봄바람에 복숭아꽃 오얏꽃이 밤에 활짝 핀다는 뜻.

565) 도리(桃李) : 도리사(桃李紗)의 준말. 중국에서 나는 비단의 한 가지.

566) 불수(佛手) : 불수감(佛手柑)의 준말. 불수감은 불수감나무의 열매. 유자 비슷하나 훨씬 크고 길며, 끝이 손가락처럼 갈라지고 향내가 매우 좋다. 여기서는 불수감 무늬를 놓은 비단을 말한다.

567) 매화만국청모적(梅花萬國聽暮笛) : 매화가 온 나라에 가득히 피었는데, 저녁 피리소리가 들림. 신광수(申光洙)의 「관산융마(關山戎馬)」에 나오는 한 구절임.

568) 매죽문(梅竹紋) 가계주 : 매화와 대나무 무늬가 있는 중국 비단의 한 가지.

569) 용귀호동운유습(龍歸虎洞雲猶濕) : 용이 범이 있는 동굴로 돌아가고, 구름은 여전히 습기를 머금고 있음.

570) 용문갑사(龍紋甲紗) : 용 무늬를 놓은 품질이 좋은 비단.

571) 은한성희일도통(銀漢星希一道通) : 은하수의 별이 드문데, 그 가운데로 한 줄기 길이 나 있음.

572) 통해주(通海紬) : 중국에서 나는 두꺼운 비단의 한 가지.

573) 명괘금방제일인(名掛金榜第一人) : 이름이 금방(金榜)에 일등으로 걸림. 즉 과거에 장원급제한 것을 이름.

574) 장원주(壯元紬) : 장원을 차지한 사람에게 내려주는 비단이라는 뜻으로 이름을 붙인 비단.

575) 넌출 진 : '넌출이 진'의 뜻. 넌출은 길게 벋어 나가 너덜너덜 늘어진 식물의 줄기. 여기서 포도 넝쿨이 벋은 것을 말함.

576) 포도대단 : 포도 무늬를 놓은 중국에서 나는 비단.

만경창파(萬頃蒼波) 조개비단[577] 보기 좋은 금선단(金線緞)[578]과
부화부순만사성(夫和婦順萬事成)하니 양화단(兩和緞)[579] 이름 짓고
팔월 구월 천기냉(天氣冷)하니 설사(雪紗)[580]빙사(氷紗)[581] 되어 있고
태상노군(太上老君)[582] 호로단(皓老緞)[583]과 천세만세 만수단(萬壽緞)[584]과
역발산기개세(力拔山氣蓋世)[585]는 초한(楚漢)[586] 적 우단(羽緞)[587]일다
얼룩덜룩 광월사(光月紗)[588]며 알송달송 아롱단(阿籠緞)[589]과
한 냥 두 냥 팔양주(八兩紬)[590]며 한 쌍 두 쌍 쌍문초(雙紋綃)[591]며
수건감 흑저사(黑紵紗)[592]며 이불감 남추라(藍縐羅)[593]며

---

577) 조개비단 : 조개 무늬를 놓은 비단.
578) 금선단(金線緞) : 금빛의 노란 선이 들어 있는 비단.
579) 양화단(兩和緞) : 부부가 화목하다는 뜻에서 이름을 붙인 비단.
580) 설사(雪紗) : 눈 같은 무늬가 있는 비단.
581) 빙사(氷紗) : 비늘 무늬가 있는 비단. 순린.
582) 태상노군(太上老君) : 노자(老子)의 존칭.
583) 호로단(皓老緞) : 중국에서 나는 비단의 한 가지. 호로(皓老)는 원래 머리가 하얗게 센 노인이란 뜻이다. 노자를 비기어 쓴 말이다.
584) 만수단(萬壽緞) : 만세를 누린다는 뜻에서 붙인 비단 이름.
585) 역발산기개세(力拔山氣蓋世) : 초(楚)나라 항우(項羽)가 유방(劉邦)에게 패배하고 비분강개하면서 지은 시의 한 구절. "힘은 산을 뽑을 수 있고, 기운은 천하를 뒤덮을 수 있다"고 하면서 자신이 패배한 것은 하늘이 자신을 버린 것이라고 한탄하였음.
586) 초한(楚漢) : 초나라와 한나라.
587) 우단(羽緞) : 거죽에 털이 돋게 짠 비단.
588) 광월사(光月紗) : 점이나 선이 고르지 못한 빛깔로 무늬져서 얼룩덜룩한 비단.
589) 아롱단(緞) : 여러 가지 색깔로 점이나 선을 총총히 넣어 빛깔과 무늬가 아롱다롱한 비단.
590) 팔양주(八兩紬) : 한 필의 무게가 여덟 양쭝이 되는 중국산 비단.
591) 쌍문초(雙紋綃) : 중국에서 만든 비단의 한 가지.
592) 흑저사(黑紵紗) : 수건감으로 쓴 깁의 한 가지.
593) 남추라(藍縐羅) : 이불감으로 쓴 주름이 잡힌 남색 피륙.

볼끼[594]감 자지상직(紫地常織)[595] 휘양(揮項)[596]감 검은궁초(宮綃)

어물전(魚物廛) 살펴보니 각색 어물(魚物) 벌여 있다
북어 관목(貫目)[597] 꼴두기며 민어 석어 통대구[598]며
광어 문어 가오리며 전복 해삼 가자미며
곤포[599] 메욱[600] 다사마[601]며 파래 김 우무가시[602]

도자전(刀子廛)[603] 마로저재[604] 금은보패 놓였구나
용잠(龍簪)[605] 봉잠(鳳簪)[606] 서복잠(瑞福簪)[607]과 간화잠(間花簪)[608]

---

594) 볼끼 : 털 붙은 가죽이나 헝겊 조각에 솜을 두어 갸름하게 접어 만들어서 두 뺨을 얼러 싸매는, 추위를 막는 제구.

595) 자지상직(紫地常織) : 깁의 한 가지.

596) 휘양(揮項) : 추울 때 머리에 쓰는 모자의 한 가지. 남바위와 비슷한데, 뒤가 훨씬 더 길고 제물로 볼끼가 있어서 목덜미와 뺨까지 싸게 만들었다.

597) 관목(貫目) : 말린 청어. 눈을 꿰서 말리기 때문에 관목이라고 한다. 요즘의 과메기다.

598) 통대구 : 배를 갈라 내장을 빼고 통째로 말린 대구.

599) 곤포 : 다시마.

600) 메욱 : 미역.

601) 다사마(多士麻) : 다시마.

602) 우무가시 : 우무가사리.

603) 도자전(刀子廛) : 장도(粧刀), 옥석(玉石), 패물(佩物) 등을 파는 거리 가가(假家).

604) 마로저재 : '마루 저자에'인 듯 하다. 종로 노상 한 마루에 북쪽을 등지고, 남쪽 동쪽 서쪽 세 방향을 향해 가가(假家)를 벌이고 매매를 하는데, 햇볕과 비와 이슬을 피하기 위해 기둥을 세우고 배에서 쓰는 뜸(草苫, 草屋)으로 가리고 있으므로 이것을 일러 '거리 가가'라 한다.

605) 용잠(龍簪) : 용의 머리 모양을 새겨 만든 비녀.

606) 봉잠(鳳簪) : 봉황의 모양을 새겨 만든 비녀.

607) 서복잠(瑞福簪) : 비녀 머리를 은사(銀絲)·금사(金絲)로 꽃과 나비 모양으로

창포잠(菖蒲簪)[609]과

앞 뒤 비녀 민죽절(竹節)[610]과 개고리 앉힌 쪽비녀며

은가락지 옥가락지 보기 좋은 밀화지환(蜜花指環)[611]

금패(錦貝)[612] 호박 가락지와 값 많은 순금지환[613]

노리개[614] 볼작시면 대삼작(大三作)[615]과 소삼작(小三作)[616]과

옥나비 금벌이며 산호가지 밀화불수(蜜花佛手)[617]

옥장도(玉粧刀) 대모장도(玳瑁粧刀)[618] 빛 좋은 삼색(三色)실로

꼰 술 푼 술 갖은 매듭 변화하기 측량없다

광통교(廣通橋) 아래 가게 각색 그림 걸렸구나

보기 좋은 병풍차(屛風次)[619]의 백자도(百子圖)[620] 요지연(瑤池宴)[621]과

만들어 꾸민 비녀.

608) 간화잠(間花簪) : 비녀 사이 사이에다 꽃을 새긴 것.

609) 창포잠(菖蒲簪) : 창포 뿌리 모양을 새긴 비녀.

610) 민죽절(竹櫛) : 아무 모양도 새기지 않은 대나무 비녀. 주로 상중에 있는 부인네들이 많이 사용했음.

611) 밀화지환(蜜花指環) : 밀화로 만든 가락지. 밀화는 앞의 주 166)을 보라.

612) 금패(錦貝) : 빛깔이 누르고 투명한 호박(琥珀)의 한 가지.

613) 순금지환(純金指環) : 순금으로 만든 가락지.

614) 노리개 : 여자들이 몸치레로 차는 물건.

615) 대삼작(大三作) : 밀화(蜜花)나 금패(錦貝), 산호(珊瑚) 등의 조각물(彫刻物)과 옥장도(玉粧刀) 금은 장도(粧刀)를 수(繡)끈으로 맺어서 차는 것. 대례복(大禮服), 또는 큰 명절 때 찼다.

616) 소삼작(小三作) : 대삼작보다 조금 작은 노리개. 소례복 또는 평상시에 찼다.

617) 밀화불수(蜜花佛手) : 밀화로 부처의 손처럼 만든 여자의 노리개.

618) 대모장도(玳瑁粧刀) : 대모, 곧 바다거북의 등딱지로 장식한 장도.

619) 병풍차(屛風次) : 병풍을 꾸밀 그림이나 글씨. 또는 그것을 그린 종이나 비단.

620) 백자도(百子圖) : 백 명의 어린 사내아이들이 노는 온갖 모양을 그린 그림.

621) 요지연(瑤池宴) : 앞의 주 138)을 보라.

곽분양(郭汾陽)[622] 행락도(行樂圖)[623]며 강남(江南)[624]금릉(金陵)[625] 경직도(耕織圖)[626]며

한가한 소상팔경(瀟湘八景)[627] 산수도 기이하다

다락벽 계견사호(鷄犬獅虎)[628] 장지문[629] 어약용문(魚躍龍門)[630]

해학(海鶴)[631]반도(蟠桃)[632] 십장생(十長生)[633]과 벽장문차 매죽난국(梅竹蘭菊)

---

622) 곽분양(郭汾陽) : 당(唐)의 명장. 곽자의(郭子儀). 당나라 숙종(肅宗) 때에 안사(安史)의 난을 평정하여 분양왕(汾陽王)에 봉해졌다. 수(壽)와 복을 누리고 자손이 번창하여 세상에서 팔자 좋은 사람을 '곽분양팔자'라고 함.

623) 행락도(行樂圖) : 곽자의가 아들, 손자 80여 명과 한 집에서 화목하게 살며, 행락(行樂)하는 모양을 그린 그림.

624) 강남(江南) : 중국 양자강 남쪽 지방. 지금의 강소성(江蘇省), 안휘성(安徽省) 방면.

625) 금릉(金陵) : 중국 남경(南京)의 옛 이름.

626) 경직도(耕織圖) : 농사짓는 것과 길쌈하는 것을 그린 그림.

627) 소상팔경(瀟湘八景) : 중국 호남성(湖南省)에 있는 명승지. 동정호(洞庭湖) 남쪽의 소(瀟)·상(湘) 두 강 부근의 아름다운 경치 8곳에서 따온 그림의 제재이기도 하다. 평사낙안(平沙落雁), 원포귀범(遠浦歸帆), 산시청람(山市晴嵐), 강천모설(江川暮雪), 동정추월(洞庭秋月), 소상야우(瀟湘夜雨), 연사만종(煙寺晩鐘), 어촌석양(漁村夕陽).

628) 계견사호(鷄犬獅虎) : 닭과 개, 사자와 범을 그린 그림.

629) 장지(障子)문 : 방에 간을 막아 끼우는 제구. 미닫이와 비슷하나 운두가 썩 높고 문지방이 낮게 된 문.

630) 어약용문(魚躍龍門) : 물고기가 용문(龍門)을 뛰어오르는 그림. 용문은 원래 중국 황하 상류에 있는 산 이름이다. 또 그곳을 통과하는 여울목의 이름이기도 하다. 잉어가 이곳을 거슬러 오르면 용이 된다고 함. 흔히 과거에 합격하는 것을 용문을 오르는 것으로 비유한다. 따라서 이 그림은 다분히 과거합격을 하여 출세하는 것을 염원하는 의미를 담고 있다.

631) 해학(海鶴) : 해오라기.

632) 반도(蟠桃) : 3천 년에 한 번씩 열린다는 신선이 사는 곳의 복숭아.

633) 십장생(十長生) : 오래 살고 죽지 않는다는 열 가지 물건. 해와 달, 산과 돌, 구름, 소나무, 불로초, 거북, 학(鶴), 사슴.

횡축(橫軸)[634]을 볼작시며 구운몽(九雲夢)[635] 성진(性眞)[636]이가
팔선녀(八仙女)[637] 희롱하여 투화성주(投花成珠)[638] 하는 모양
주(周)나라 강태공(姜太公)[639]이 궁팔십(窮八十)[640] 노옹(老翁)으로
사립(簑笠)[641]을 숙여 쓰고 곧은 낚시[642] 물에 넣고
때 오기만 기다릴 제 주문왕(周文王)[643] 착한 임금
어진 사람 얻으려고 손수 와서 보는 거동
한(漢)나라 상산사호(商山四皓)[644] 갈건야복(葛巾野服)[645] 도인(道人) 모양
네 늙은이 바둑 둘 제 제세안민(濟世安民)[646] 경영(經營)일다

---

634) 횡축(橫軸) : 가로로 달도록 길게 꾸민 족자.

635) 구운몽(九雲夢) : 숙종 때 김만중(金萬重)이 쓴 국문소설.

636) 성진(性眞) : 『구운몽』의 남자 주인공. 양소유.

637) 팔선녀(八仙女) : 『구운몽』의 주인공 양소유의 여덟 명의 처첩.

638) 투화성주(投花成珠) : 꽃을 던지자 구슬이 됨. 『구운몽』에 나오는 이야기임. 성진이 도화(桃花) 가지를 꺾어 팔선녀 앞에 던지자 여덟 봉우리 꽃이 땅에 떨어져 명주(明珠)로 변했다고 함.

639) 강태공(姜太公) : 태공망(太公望). 성(姓)은 강(姜)이오, 씨명(氏名)은 여(呂), 이름은 상(尙). 주(周)나라 문왕(文王)이 인재를 고대하던 중 사냥을 나갔다가 위수(渭水)가에서 낚시를 하고 있던 여상을 만나, "내가 그대 같은 사람을 바란 지 오래다(望子久矣)"라 하였기에 태공망(太公望)이라고 부른다.

640) 궁팔십(窮八十) : 팔십 세가 다 되었음.

641) 사립(簑笠) : 도롱이와 삿갓.

642) 곧은 낚시 : 강태공의 낚시는 미늘이 없는 낚시였다고 함. 즉 고기를 낚기 위한 것이 아니라, 세월을 기다린 것이었다 함.

643) 주문왕(周文王) : 은(殷)을 멸망시킨 주무왕(周武王)의 아버지. 이름은 창(昌).

644) 상산사호(商山四皓) : 진(秦)나라의 폭정을 피하여 섬서성(陝西省) 상산(商山)에 들어가 숨어산 동원공(東園公)·기리계(綺里季)·하황공(夏黃公)·녹리선생(甪里先生). 눈썹과 수염이 하얗게 세었으므로 '사호(四皓)'라 하였다.

645) 갈건야복(葛巾野服) : 칡베로 만든 두건과 베옷. 은사(隱士)나 처사(處士)들의 의관을 일컫는 말.

남양(南陽)647)의 제갈공명(諸葛孔明)648) 초당(草堂)에 잠을 겨워

형익도(荊益圖)649) 걸어놓고 평생을 아자지(我自知)650)라

한소열(漢昭烈)651) 유황숙(劉皇叔)652)이 삼고초려(三顧草廬)653)하는 모양

진처사(晉處士) 도연명(陶淵明)654)은 오두미(五斗米) 마다하고

팽택령(彭澤令) 하직하고 무고송이반환(撫孤松而盤桓)655)이라

당학사(唐學士)656) 이태백(李太白)657)은 주사(酒肆) 청루(青樓)658) 취하여서

---

646) 제세안민(濟世安民) : 세상을 구제하여 백성을 편안하게 해 줌.

647) 남양(南陽) : 중국 하남성(河南省)의 지명.

648) 제갈공명(諸葛孔明) : 제갈량(諸葛亮, 181~234). 중국 삼국시대 촉한(蜀漢)의 재상.

649) 형익도(荊益圖) : 중국 삼국시대 형주(荊州)와 익주(益州)의 지도.

650) 평생을 아자지(我自知) : 자신의 평생을 자신이 앎.

651) 한소열(漢昭烈) : 촉한의 소열황제(昭烈皇帝). 곧 유비(劉備)를 말함. 소열은 그의 시호임.

652) 유황숙(劉皇叔) : 후한의 헌제(獻帝)가 유비가 자신의 숙부 뻘이 된다면서 유황숙이라 부른 데서 유래한 말.

653) 삼고초려(三顧草廬) : 유비가 제갈공명의 초가집을 세 번 찾아가서 군사(軍師)로 삼았다는 고사.

654) 도연명(陶淵明) : 진(晉)나라 심양(尋陽) 사람. 이름은 잠(潛), 자는 원량(元亮). 일찍이 팽택현령(彭澤縣令)이 되어 현(縣)에 부임하니, 아전이 의관을 차리고 상관을 만날 것을 청하자, 나는 "오두미(五斗米) 때문에 허리를 굽힐 수 없다" 하고 벼슬을 버리고 떠났다고 함. 오두미는 쌀 닷 말. 즉 쌀 닷 말을 받는 보잘것없는 관직 때문에 자신을 굽힐 수 없다는 것이다.

655) 무고송이반환(撫孤松而盤桓) : 외로운 소나무를 어루만지며 서성거림. '무고송이반환'은 도연명의 「귀거래사(歸去來辭)」에 나오는 구절이다

656) 당학사(唐學士) : 당나라의 한림학사(翰林學士).

657) 이태백(李太白) : 당나라 시인 이백(李白).

658) 주사청루(酒肆青樓) : 술집과 청루. 청루는 기녀(妓女)가 있는 술집.

천자호래불상선(天子呼來不上船)[659]을 역력히 그렸으며
문에 부칠 신장(神將)[660]들과 모대(帽帶)한 문비(門裨)[661]들을
진채(眞彩)[662] 매워 그렸으니 화려하기 측량없다.

구리개[663] 좌우집에 신농유업(神農遺業)[664] 써 붙이고
각색 약이 다 있구나 수세제중(壽世濟衆)[665] 하리로다
인삼 사삼(沙蔘)[666] 현삼(玄蔘)[667]이며 황련(黃蓮)[668] 황금(黃芩)[669]
황백(黃栢)[670]이며

---

659) 천자호래불상선(天子呼來不上船) : "천자가 불러도 일어나 배에 오르지 않음" 두보(杜甫)가 지은 「음중팔선가(飮中八仙歌)」의 이백(李白)을 묘사한 부분에서 따온 구절. "이백은 술 한 말에 시가 백 편인데, 장안의 술집에서 취한 채 잠이 들어, 천자가 불러도 일어나 배에 오르지 않고 스스로 '신은 술에 빠진 신선'이라 말하네."(李白一斗詩百篇, 長安市上酒家眠. 天子呼來不上船, 自稱臣是酒中仙)

660) 신장(神將) : 신과 장수.

661) 문비(門裨) : 잡귀를 쫓기 위해 문짝 위에 그려 붙이는 신장(神將)의 화상.

662) 진채(眞彩) : 아주 진하게 쓰는 불투명한 채색.

663) 구리개 : 동현(銅峴). 지금의 을지로 입구. 조선시대에 여기에 약국들이 모여 있었다.

664) 신농유업(神農遺業) : 신농씨가 끼쳐 놓은 일. 신농씨는 중국 고대의 제왕으로 백성들에게 처음 농사를 가르치고 의서(醫書)를 지어 질병을 치료했다고 함. 의약(醫藥)의 시조이므로 한의원이나 한약국 출입문이나 창문 위에 흔히 '신농유업(神農遺業)'이라 써 붙인다.

665) 수세제중(壽世濟衆) : 백성들을 건져 오래 살게 함.

666) 사삼(沙蔘) : 더덕.

667) 현삼(玄蔘) : 현삼과에 속하는 여러해살이풀. 성질이 차서 열을 내리게 하므로 폐결핵의 약이나 도포약으로 쓴다.

668) 황련(黃蓮) : 깽깽이풀의 뿌리. 맛은 쓴데 성질은 약간 더움. 눈병, 설사의 약재로 씀.

669) 황금(黃芩) : 속서근풀의 뿌리. 성질이 차기 때문에 열로 인하여 헌데, 오줌소태, 배앓이, 골증(骨蒸), 하혈(下血) 등의 약재로 쓴다.

670) 황백(黃栢) : 황벽나무. 성질이 차서 열로 인하여 생기는 내과, 외과의 여러 병

진피(陳皮)[671] 청피(靑皮)[672] 대복피(大腹皮)[673]며 감초(甘草) 자초(紫草)[674] 하고초(夏枯草)[675]며

우황(牛黃) 타황(佗黃)[676] 구황(狗黃)[677]이며 웅담(熊膽) 구담(狗膽)[678] 사담(蛇膽)[679]이며

침향(沈香)[680] 정향(丁香)[681] 당사향(唐麝香)[682]과 용뇌(龍腦)[683] 용안(龍眼)[684] 용골(龍骨)[685]이며

에 약재로 쓴다.

671) 진피(陳皮) : 익어서 오래 묵은 귤의 껍질. 건위, 소화, 발한제로 쓴다.

672) 청피(靑皮) : 청귤(靑橘)의 껍질. 기체, 협통, 적취, 울증의 약재로 쓴다.

673) 대복피(大腹皮) : 빈랑자나 대복자의 겉껍질. 곽란, 가슴앓이, 배앓이, 각기 충심, 입덧, 부증의 약재로 쓴다.

674) 자초(紫草) : 지치 뿌리. 성질은 차고, 오줌을 순하게 하며, 창증과 두진 또는 일반 부스럼에 쓴다.

675) 하고초(夏枯草) : 제비꿀의 줄기와 잎. 성질이 약간 차고 맛이 쓴데, 부인병과 피붓병, 눈병 따위에 약재로 쓴다.

676) 타황(佗黃) : 미상.

677) 구황(狗黃) : 개의 쓸개에 든 황. 푸른빛을 띤 흰 돌 같은데 풍독, 담화, 악창 등의 약재로 쓰인다. 구보라고도 한다.

678) 구담(狗膽) : 개의 쓸개. 고치기 힘든 부종이나 시력 부종 따위에 약재로 쓴다.

679) 사담(蛇膽) : 뱀의 쓸개.

680) 침향(沈香) : 인도 동남아 등에서 나는 나무. 이 나무의 진을 역시 침향이라 하는 바, 성질이 따뜻하여 곽란, 심복통(心腹痛), 적취(積聚) 등에 약재로 쓴다.

681) 정향(丁香) : 정향나무의 꽃봉오리. 성질은 더운데 심복통, 구토, 변위 등에 약재로 쓴다.

682) 당사향(唐麝香) : 중국에서 나는 사향. 사향은 궁노루의 향낭(香囊)을 말려서 만든 약재.

683) 용뇌(龍腦) : 보르네오, 수마트라 등에서 자라는 용뇌수(龍腦樹)에서 나오는 무색 투명한 결정체. 향료의 원료나 식중독, 곽란, 흉복통, 해수 등에 약재로 쓴다.

684) 용안(龍眼) : 앞의 주 462)를 보라.

685) 용골(龍骨) : 먼 옛날에 살았다는 코끼리로 종류에 딸린 마스토돈의 뼈가 흙속에 묻혀 이루어진 화석. 강장제로 쓰인다.

소합환(蘇合丸)[686] 광제환(廣濟丸)[687]과 태을환(太乙丸)[688] 소침환(燒針丸)[689]과

청심환(淸心丸)[690] 안신환(安神丸)[691]과 포룡환(抱龍丸)[692] 만응환(萬應丸)[693]과

운모고(雲母膏)[694] 우황고(牛黃膏)[695]며 오독고(五毒膏)[696] 신이고(神異膏)[697]며

제중단(濟衆丹)[698] 옥추단(玉樞丹)[699]과 벽온단(辟瘟丹)[700] 자금단(紫金丹)[701]과

옥설(玉屑)[702] 금설(金屑) 진주설(珍珠屑)[703]과 은박 금박 호박설(琥珀

686) 소합환(蘇合丸) : 위장을 맑게 하고 정신을 상쾌하게 하는 약.
687) 광제환(廣濟丸) : 미상.
688) 태을환(太乙丸) : 미상.
689) 소침환(小針丸) : 젖먹이가 토사할 때 먹이는 약.
690) 청심환(淸心丸) : 심기(心氣)의 열을 풀어버리는 데 쓰는 약.
691) 안신환(安神丸) : 미상.
692) 포룡환(抱龍丸) : 어린이들이 신열(身熱)이 오르고 경풍(驚風)을 할 때 쓰는 약.
693) 만응환(萬應丸) : 미상.
694) 운모고(雲母膏) : 돌비늘을 고아 만든 고약. 한방에서 옴이나 독창 따위의 피부병에 쓴다.
695) 우황고(牛黃膏) : 미상.
696) 오독고(五毒膏) : 미상.
697) 신이고(神異膏) : 여러 가지 한약재를 조합하여 만든 모든 등창 및 부스럼에 쓰는 고약.
698) 제중단(濟衆丹) : 미상.
699) 옥추단(玉樞丹) : 단옷날에 임금이 신하들에게 나누어 주던 구급약. 내의원(內醫院)에서 만드는데, 모양은 여러 가지이나 가운데 구멍을 뚫어서 끈을 꿰어 선초(扇貂)로 가지고 다니다가 곽란이나 서체(暑滯)가 생기면 갈아서 물에 타서 먹음.
700) 벽온단(辟瘟丹) : 미상.
701) 자금단(紫金丹) : 미상.
702) 옥설(玉屑) : 옥을 빻아 만든 가루. 소아병에 약재로 쓴다.
703) 진주설(珍珠屑) : 진주 가루.

屑)[704]과

민강(閩薑)[705] 귤병(橘餠)[706] 금전병(金箋餠)[707]과 녹용고(鹿茸膏)[708] 경옥골(瓊玉膏)[709]다

상백초[710] 제만민(嘗百草濟萬民)은 염제씨(炎帝氏)[711] 공덕(功德)일세

물중지대(物衆地大)[712] 장할시고 제왕(帝王)의 도읍(都邑)일다

화려가 이러할 제 놀인들 없을소냐?

장안소년 유협객(遊俠客)[713]과 공자(公子) 왕손(王孫) 재상자제(宰相子弟)

부상대고(富商大賈)[714] 전시정(廛市井)과 다방골[715] 제갈동지(諸葛同知)[716]

---

704) 호박설(琥珀屑) : 호박(琥珀)의 가루. 이뇨, 안질, 혈적, 경계 등에 약재로 쓴다.

705) 민강(閩薑) : 앞의 주 546)을 보라.

706) 귤병(橘餠) : 귤을 저미어 꿀이나 사탕에 조린 과자.

707) 금전병(金箋餠) : 미상.

708) 녹용고(鹿茸膏) : 미상.

709) 경옥고(瓊玉膏) : 피돌기를 고르게 하는 데 쓰는 보약의 한 가지. 생지황, 인삼, 백복령, 백밀 등의 약재로 만든다.

710) 상백초(嘗百草) 제만민(濟萬民) : 신농씨가 온갖 풀을 맛보아 그 약효를 알아내어 백성들을 질병에서 구제했던 것을 두고 하는 말임.

711) 염제씨(炎帝氏) : 신농씨가 화덕(火德)으로 왕이 되었기 때문에 염제씨라고 한 것임.

712) 물중지대(物衆地大) : 나는 물산은 많고 땅은 큼.

713) 유협객(遊俠客) : 힘으로 강자를 꺾고 약한 자를 돕는 협기(俠氣)를 지닌 사람.

714) 부상대고(富商大賈) : 큰 장사치.

715) 다방골 : 현재의 다동(茶洞)과 무교동(武橋洞) 일대.

716) 제갈동지(諸葛同知) : 제갈(諸葛)은 성이요, 동지(同知)는 동지중추부사(同知中樞府事)로서 제2품직이다. 옛날 다방동(茶房洞)에 사는 제갈씨로서 동지를 지낸 이가 복록을 겸전하여, 그 이후 복록을 겸한 사람을 제갈동지라고 한다고 함. 송신용의 주에 의함. 또 옛날 다방골에 제갈씨 성(姓)을 가진 사람이 아주 부자

별감(別監)[717] 무감(武監)[718] 포도군관(捕盜軍官)[719] 정원사령(政院使令)[720] 나장(羅將)이라

남북촌(南北村) 한량(閑良)[721]들이 각색 놀음 장할시고

선비의 시축(詩軸)놀음[722] 한량(閑良)의 성청(成廳)놀음[723]

공물방(貢物房)[724] 선유(船遊)놀음[725] 포교(捕校)의 세찬(歲饌)놀음[726]

각사(各司) 서리(書吏)[727] 수유(受由)놀음[728] 각집 겸종(傔從)[729] 화류

였으므로, 부자의 대명사로 쓰임.

717) 별감(別監) : 앞의 주 97)을 보라.

718) 무감(武監) : 앞의 주 106)을 보라.

719) 포도군관(捕盜軍官) : 포도청(捕盜廳)의 포교(捕校). 포도부장(捕盜部將)이라고도 한다. 기생의 기둥서방의 하나이고, 또 서울 유흥계의 주역이기도 하였다.

720) 정원사령(政院使令) : 사령(使令)은 관아에서 심부름을 하는 하례(下隸). 하지만 승정원 사령만큼은 임금과 가장 가까운 곳에 있기 때문에 신수가 빼어나고 문식(文識)이 있는 사람을 골라 사령의 옷도 입히지 않고 출입하며, 심지어 정원일기(政院日記)도 승지를 대신하여 거지반 그들의 손으로 기록하였다고 한다. 정원사령은 세습직이었다. 이것은 송신용이 인용하고 있는 서은(西隱) 장선생(張先生)의 말이라고 한다. 다른 데서 찾을 수 없는 귀중한 자료다.

721) 한량(閑良) : 아직 벼슬에 오르지 못한 무인(武人). 서울의 한량들은 주로 활쏘기 연습을 사정(射亭)에서 하였으며, 이들은 한 패가 되어 활 연습이 끝나면 색주가 등 서울 시내의 유흥계로 진출하였다. 한량이 놀음에 끼이는 것은 바로 이 때문이다.

722) 시축(詩軸)놀음 : 여러 사람의 시를 두루마리에 써서 만 것을 시축이라 한다. 선비들의 시를 짓는 모임을 시축놀음이라 한다.

723) 성청(成廳)놀음 : 성청은 세력이 있는 집안의 하인들이 떼를 지은 모임을 말함. 곧 하인들이 몰려서 노는 것을 말하는 듯하다. 자세한 것은 미상.

724) 공물방(貢物房) : 궁중과 정부에 바치는 물건을 처리하는 계원들이 모이는 곳.

725) 선유(船遊)놀음 : 한강에서 배를 빌려 풍악을 잡히고 노는 놀이. 서울에서 가장 화려하고 돈이 드는 놀이로 쳤다.

726) 세찬(歲饌)놀음 : 연말에 과세(過歲)할 찬수품(饌需品). 또는 설음식을 세찬이라고 한다. 세찬놀음은 포교가 연말이 되어 장신(將臣)을 찾아가면 장신이 특별히 음식을 차려 주고 한 판 놀게 하는 것을 말한다.

727) 각사서리(各司書吏) : 각 관아의 행정 실무를 맡고 있는 하급 관료.

(花柳)놀음[730]

장안의 편사(便射)놀음[731] 장안의 호걸(豪傑)놀음

재상(宰相)의 분부(分付)놀음 백성(百姓)의 중포놀음[732]

각색 놀음 벌어 방방곡곡 놀이철(處)다

놀이처 어디멘고 누대(樓臺) 강산(江山) 좋을시고

조양루(朝陽樓)[733] 석양루(夕陽樓)[734]며, 명선루(明宣樓)[735] 춘수루(春水樓)[736]와

홍엽정(紅葉亭)[737] 노인정(老人亭)[738]과 송석원(松石園)[739] 생화정(生

---

728) 수유(受由)놀음 : 수유는 휴가를 받음. 아마도 휴가를 받고 노는 놀음인 듯.

729) 겸종(傔從) : 양반가에서 손님의 접대, 필연(筆硯)의 준비와 차 시중과 일체의 가무(家務)를 대신 담당하는 사람. 흔히 청직이라고 한다. 겸종이 양반가에 오래 근무하면 양반가의 위세를 통해 각 관아의 서리가 된다. 겸종과 서리는 같은 신분이다. 이들은 서울의 인왕산 아래 많이 거주하였으며, 이곳을 우대라고 하는 관계로 흔히 우대사람이라고 불렀다.

730) 화류(花柳)놀음 : 기생을 동반하여 노는 것. 조선후기에 기방에 드나드는 데는 나름의 규칙이 있었으니, 양반이 만약 기방에 가려고 하면 반드시 어느 집 '겸종'이라고 해야 하는 법이었다. 겸종은 조선후기 기방의 주 고객이었다.

731) 편사(便射)놀음 : 사정(射亭)끼리 편을 갈라 활쏘기를 겨루는 일. 사정의 소속에 따라 편을 갈라 터편사·골편사·장안(長安)편사·사랑(舍廊)편사·한량편사·한출(閑出)편사·삼동(三同)편사·아동(兒童)편사 등이 있었다 함.

732) 중포놀음 : 송신용은 '중복놀음'이라 주석을 내고 있다. 곧 중복 때 하는 천렵(川獵)이나 탁족(濯足)놀이를 말한다고 한다. 하지만 정확한 근거는 미상이다.

733) 조양루(朝陽樓) : 종로구 효제동(孝悌洞)에 있던 누(樓). 효종이 왕위에 오르기 전에 살던 곳으로 일명 용흥동루(龍興洞樓)라고도 함.

734) 석양루(夕陽樓) : 조양루 동쪽에 있던, 효종의 아우 인평대군(麟坪大君)이 거처하던 곳.

735) 명선루(明宣樓) : 누각 이름. 장소는 미상.

736) 춘수루(春水樓) : 누각 이름. 장소는 미상.

737) 홍엽정(紅葉亭) : 중구 남창동에 있던 정자.

花亭)[740]과

영파정(暎波亭)[741] 춘초정(春草亭)[742]과 장유헌(壯猷軒)[743] 몽답정(夢踏亭)[744]과

필운대(弼雲臺)[745] 상선대(上仙臺)[746]와 옥류동(玉流洞)[747] 도화동(桃花洞)[748]과

창의문(彰義門)[749] 밖 내달아서 탕춘대(蕩春臺)[750] 세검정(洗劍亭)[751]과

---

738) 노인정(老人亭) : 중구 필동에 있던 정자.

739) 송석원(松石園) : 인왕산 아래 종로구 옥인동(玉仁洞) 일대. 인왕산 줄기에서 옥계(玉溪)란 시내가 흘러 수석이 매우 아름다운 곳이라 서울 시내의 경승지로 꼽혔으며, 유상객들이 많이 몰렸음.

740) 생화정(生花亭) : 정자 이름. 장소는 미상.

741) 영파정(暎波亭) : 석양루 뜰에 있던 정자.

742) 춘초정(春草亭) : 종실 화산군(花山君) 이곤(李滾)이 광나루 서편의 봉우리에 지은 정자.

743) 장유헌(壯猷軒) : 누각 이름. 장소는 미상.

744) 몽답정(夢踏亭) : 창덕궁 서쪽 공북문(拱北門) 밖에 북영(北營)이 있고, 여기에 군자정(君子亭)과 몽답정(夢踏亭)이 있다.

745) 필운대(弼雲臺) : 인왕산 아래 배화여자고등학교 뒤편 언덕. 이곳에 이항복(李恒福)이 쓴 '弼雲臺' 세 글자가 새겨져 있음. 필운대는 서울 시민들의 유상지(遊賞地)로 유명했고, 특히 이 일대에 사는 서리들이 모여 시를 짓는 곳으로도 알려졌다.

746) 상선대(上仙臺) : 남산 서쪽 용두암(龍頭巖) 기슭에 있던 대(臺). 정조 때 무예를 연마하던 곳.

747) 옥류동(玉流洞) : 인왕산 기슭의, 송석원 조금 위에 있는 동리. 역시 유상지로 유명하였다.

748) 도화동(桃花洞) : 도화동은 여럿이 있으나 여기서는 경복궁 서쪽 인왕산 기슭의 동네를 말하는 듯하다.

749) 창의문(彰義門) : 종로구 창의동에 있는 사소문(四小門)의 하나. 태조 5년(1396)에 만든 사소문 중 유일하게 남은 것이다. 자하문(紫霞門)이라고도 한다. 일대가 수석이 아름다워 사람들이 많이 찾는 곳이었다.

750) 탕춘대(蕩春臺) : 종로구 홍지동에 있는 탕춘대성 안에 있는 대사(臺榭). 탕춘대성은 서울 도성과 북한산성을 연결하기 위해 쌓은 것이다. 이 일대는 수석이

옥천암(玉川庵)[752] 석경루(石逕樓)[753]와 한북문(漢北門)[754] 진관(津寬)[755]이며

경강정(景江亭)[756] 내달아서 창랑정(滄浪亭)[757] 압구정(狎鷗亭)[758]과

족한정(足閑亭)[759] 탁영정(濯纓亭)[760]과 별영(別營)[761] 안 읍청눌(挹淸樓)[762]다

구경 가자 구경 가자 승전(承傳)놀음[763] 구경 가자

북일영(北一營)[764] 군자정(君子亭)[765]에 좋은 놀음 벌였구나

아름다워 사람들이 많이 찾는 곳이었다.

751) 세검정(洗劍亭) : 창의문 밖에 있던 정자. 영조 24년(1748)에 세웠다. 인조반정 때 이귀(李貴)·김류(金瑬) 등이 광해군의 폐위를 결정하고 이곳에서 칼을 씻었다고 한다.

752) 옥천암(玉川庵) : 서대문구 홍은동에 있던 절.

753) 석경루(石逕樓) : 종로구 신영동에 있던 정자.

754) 한북문(漢北門) : 서울 도성과 북한산성을 잇는 탕춘대성(蕩春臺城)의 성문. 한성의 북쪽에 있는 문이므로 한북문(漢北門)이라 한 것이다. 정식 이름은 홍지문(弘智門)이다.

755) 진관(津寬) : 경기도 남양주군의 진관면.

756) 경강정(景江亭) : 미상.

757) 창랑정(滄浪亭) : 마포구 현석동 강가에 있던 정자.

758) 압구정(狎鷗亭) : 강남구 압구정동에 있던 정자.

759) 족한정(足閑亭) : 미상.

760) 탁영정(濯纓亭) : 마포구 당인동(唐人洞)에 있던 정자.

761) 별영(別營) : 친군(親軍)의 하나. 뒤에 총어영(摠禦營)으로 고쳤다.

762) 읍청루(挹淸樓) : 지금의 마포구 북안(北岸)에 있던 정자.

763) 승전(承傳)놀음 : 승전은 임금의 뜻을 전하는 것. 대개 별감들이 임금의 곁에서 임금의 뜻을 전하는 일을 맡기 때문에 별감의 놀음을 승전놀음이라 한 것으로 짐작될 뿐 정확한 유래는 알 수 없다.

764) 북일영(北一營) : 경희궁(慶熙宮)의 북쪽에 있던 훈련도감의 분영(分營). 북영 남쪽에 있다.

765) 군자정(君子亭) : 북일영에 있던 정자.

눈빛 같이 흰 휘장에 구름 같은 높은 차일(遮日)[766]
차일 아래 유둔(油芚)[767] 치고 마루 끝에 보계판(補階板)[768]과
아로새긴 서까래에 각 영문(營門) 사촉롱(紗燭籠)[769]을
빈틈없이 달아 놓고 좁쌀 같은 화초등(花草燈)과
보기 좋은 양각등(羊角燈)[770]을 차례 있게 걸어 놓고
난간 밖에 춘화(春花) 가화(假花) 붉은 비단 허리 매어
빙문(氷紋)[771] 진 유리병(琉璃甁)에 가득히 꽂아 놓고
각색 총전[772] 몽고전(蒙古氈)과 만화(滿花)[773] 등메[774] 담방석(毯方席)[775]에
백통타구(白銅唾具)[776] 옥타구(玉唾具)[777]며 백통요강 은재떨이
왜찬합(倭饌盒)[778]과 당찬합(唐饌盒)과 아로새긴 교자상(交子床)[779]과

---

766) 차일(遮日) : 햇볕을 가리는 막.
767) 유둔(油芚) : 비가 올 때 쓰기 위해 이어 붙인 두꺼운 기름종이.
768) 보계판(補階板) : 많은 사람을 접대하기 위해 대청마루 앞에 임시로 잇대어 베푼 자리에 쓰는 널판.
769) 사촉롱(紗燭籠) : 여러 가지 비단으로 발라서 만든 등.
770) 양각등(羊角燈) : 양의 뿔을 불기운에 쪼여서 투명하고 얇게 만든 껍질을 씌운 등.
771) 빙문(氷紋) : 얼음 무늬. 곧 유리병(琉璃甁)의 빛이 얼음 무늬와 같다는 뜻.
772) 총전(鬉氈) : 짐승의 억센 털로 짠 전(氈).
773) 만화(滿花) : 온갖 꽃무늬를 가득 넣어 짠 왕골 방석. 만화석(滿花席).
774) 등메 : 가장자리를 헝겊으로 두르고 뒤에 부들자리를 대서 꾸민 돗자리.
775) 담방석(毯方席) : 짐승의 털을 물에 빨아 짓이겨서 평평하고 두툼하게 만든 방석.
776) 백통타구(白銅唾具) : 백통으로 만든 침 따위를 뱉는 그릇. 백통은 구리 아연 니켈의 합금.
777) 옥타구(玉唾具) : 옥으로 만든 침 따위를 뱉는 그릇.
778) 찬합(饌盒) : 반찬이나 안주를 담는 그릇. 칠기(漆器), 사기(砂器), 목기(木器)로 된 것이 있다.
779) 교자상(交子床) : 여러 사람이 회식할 수 있는 장방형(長方形)의 큰 상.

모란병풍 영모병풍(翎毛屛風)780) 산수병풍 글씨병풍
홍융사(紅絨紗)781) 구멍 뚫어 이리저리 얽어매고

별감의 거동 보소 난번별감(番別監)782) 백여 명이
맵시도 있거니와 치장(治粧)도 놀라울사
편월(片月)상투783) 밀화(蜜花)동곳784) 대자(大字)동곳 섞어 꽂고
곱게 뜬 평양망건(平壤網巾)785) 외점박이 대모관자(玳瑁貫子)786)
상의원(尙衣院) 자지팔사(紫地八絲)787) 초립(草笠)788) 밑에 팔괘(八卦)789) 놓고
남융사(藍絨絲) 중두리790)에 오동(烏銅)791) 입식(笠飾)792) 껴서 달고

---

780) 영모병풍(翎毛屛風) : 영(翎)은 깃털이 있는 동물, 모(毛)는 깃털이 없는 동물. 곧 새와 짐승을 그린 병풍.

781) 홍융사(紅絨紗) : 비단의 한 종류.

782) 난번별감(番別監) : '번'은 차례대로 하는 당직근무. '난번'은 '번을 나다'에서 나온 말로, 번을 마치고 나오는 것. 즉 당직근무를 마치고 나온 별감.

783) 편월(片月)상투 : 조각달 모양의 상투.

784) 밀화(蜜花)동곳 : 밀화로 만든 동곳. 밀화는 꿀과 같이 누른 빛이 나는 호박(琥珀). 동곳은 상투를 튼 뒤에 풀어지지 않도록 꽂는 물건.

785) 망건(網巾) : 말갈기 또는 말총으로 만든 높이 손가락 두 마디 정도 넓이의 수건처럼 생긴 물건인데, 머리털을 걷어 올려 이마를 덮어 뒤로 여민 후에 당줄(망건에 맨 끈)로 상투에 감아 맨다.

786) 관자(貫子) : 망건의 줄을 꿰어 매는 작은 고리. 뿔, 뼈, 옥, 금으로 만든다. 대모관자는 대모, 곧 바다거북의 등딱지로 만든 관자.

787) 자지팔사(紫地八絲) : 자지는 자줏빛. 팔사는 여덟 가닥의 실로 꼰 노끈.

788) 초립(草笠) : 누른 빛깔의 가는 풀로 엮어서 만든 갓. 어린 나이로 관례(冠禮)를 치른 사람이 쓰던 것. 특기할 것은 별감(別監)이 반드시 초립을 쓴다는 것이다.

789) 팔괘(八卦) : 중국 상고 때에 복희씨(伏羲氏)가 만들었다는 여덟 가지의 괘(卦). 乾☰, 兌☱, 离☲, 震☳, 巽☴, 坎☵, 艮☶, 坤☷.

790) 중두리 : 가장자리. 방과 벽과 방바닥 사이를 방중두리라 하며, 또는 마루 중두리라고도 한다. 여기서는 초립의 가장자리를 말함. 송신용의 주해에 의하면, 건

손뼉 같은 수사(繡紗)갓끈[793] 귀를 가려 숙여 쓰고
다홍생초(茶紅生綃)[794] 고운 홍의(紅衣)[795] 숙초창의(熟綃氅衣)[796] 받쳐 입고
보라누비 저고리에 외올뜨기[797] 누비바지
양색단(兩色緞)[798] 누비배자(褙子)[799] 전배자(氈褙子)[800] 받쳐 입고
금향수주(錦香繡紬)[801] 누비토수(吐手)[802] 전토수(氈吐手) 받쳐 끼고

중동치레[803] 볼작시면 우단(羽緞)[804] 대단(大緞) 도리불수(桃李佛手)
각색 줌치[805] 묘(妙)히 접어 나비매듭 별매듭에

(巾)이나 관(冠), 모자 따위의 아래를 천 따위로 덧댄 땀받이 구실을 하는 덧댄 부분을 말한다.

791) 오동(烏銅) : 적동(赤銅). 곧 장식품으로 쓰는 붉은 구리.

792) 입식(笠飾) : 융복(戎服)의 갓에 갖추는 치장.

793) 수사(繡紗)갓끈 : 수를 놓은 비단으로 만든 갓끈.

794) 다홍생초(生綃) : 다홍빛 생초. 삶지 아니한 명주실로 짠 비단을 생초라 함.

795) 홍의(紅衣) : 문자 그대로 붉은 옷이라는 뜻이나, 별감 고유의 복색이다.

796) 숙초창의(熟綃氅衣) : 숙초로 지은 창의. 숙초는 삶은 명주실로 짠 비단. 창의는 벼슬아치가 평시에 입던 웃옷. 소매가 넓고 뒤 솔기가 갈라져 있다.

797) 외올뜨기 : 외올로 뜬 망건이나 탕건 따위. 외올은 단 하나만의 올.

798) 양색단(兩色緞) : 씨와 날의 빛이 서로 다른 비단.

799) 배자(褙子) : 저고리 위에 덧입는, 단추가 없는 짧은 조끼 모양의 옷.

800) 전배자(氈褙子) : 전(氈)으로 만든 배자. 짐승의 털로 아무 무늬도 없이 짠 피륙의 한 가지.

801) 금향수주(錦香繡紬) : 금향색으로 수를 놓은 비단. 금향색은 붉은빛을 띤 검누른 빛깔.

802) 토수(吐手) : 저고리 소매처럼 생겨 한 쪽은 좁고 다른 쪽은 넓은, 팔뚝에 끼는 방한구(防寒具). 토시.

803) 중동치레 : 중동은 사물의 중간이 되는 부분. 곧 여기서는 사람의 허리 부분의 치장. 곧 주머니, 쌈지, 띠 따위를 좋은 것으로 하는 허리 부분의 치장.

804) 우단(羽緞) : 거죽에 고운 털이 돋게 짠 비단.

805) 줌치 : 주머니.

파리매듭 도래매듭[806] 색색으로 꿰어 차고
오색 비단 괴불줌치[807] 약낭(藥囊)[808] 향낭(香囊)[809] 섞어 차고
이궁전[810] 대방전과 금사향(金絲香)[811] 자개향[812]을
고름마다 걸어 차고 대모장도(玳瑁粧刀)[813] 서장도(犀粧刀)[814]며
밀화장도(蜜花粧刀)[815] 백옥장도(白玉粧刀) 안팎으로 비껴 차고
삼승(三升)버선[816] 수눅[817] 파서 맵시 있게 하여 신고
제제창창(濟濟蹌蹌)[818] 앉은 모양 절차(節次)도 거룩하다

금객(琴客)[819] 가객(歌客)[820] 모였구나 거문고 임종철(林宗哲)[821]이
노래에 양사길(梁四吉)[822]이 계면(界面)[823]에 공득이(孔得伊)[824]며

---

806) 도래매듭 : 두 줄을 어긋매껴서 두 층으로 겹쳐 맺은 매듭.
807) 괴불줌치 : 괴불주머니. 어린아이의 주머니 끈 끝에 차는 노리개. 네모진 색 헝겊을 귀나게 접어서 속에 솜을 넣은 것.
808) 약낭(藥囊) : 약을 넣는 주머니.
809) 향낭(香囊) : 향을 넣는 주머니.
810) 이궁전 : 중국에서 수입한 향(香)의 일종.
811) 금사향(金絲香) : 은으로 온갖 섭새김을 하여 긴 네모꼴의 갑을 만들어 겉에 도금을 하고 그 속에 한충향(漢沖香)을 넣어 몸에 차게 된 물건. 한충향은 온갖 향과 약을 섞어 반죽하여 만든 향.
812) 자개향 : 중국에서 수입한 향의 일종.
813) 대모장도(玳瑁粧刀) : 대모로 꾸민 장도.
814) 서장도(犀粧刀) : 무소뿔로 꾸민 장도.
815) 밀화장도(蜜花粧刀) : 밀화로 꾸민 장도.
816) 삼승버선 : 석새로 짠 옷감으로 만든 버선.
817) 수눅 : 버선 등의 꿰맨 솔기.
818) 제제창창(濟濟蹌蹌) : 몸가짐이 정숙하고 질서가 정연함.
819) 금객(琴客) : 직업적으로 거문고를 연주하는 음악인.
820) 가객(歌客) : 직업적으로 노래를 부르는 음악인.
821) 임종철(林宗哲) : 당시 이름난 가객의 이름.
822) 양사길(梁四吉) : 당시 이름난 금객의 이름.

오동복판(梧桐腹板)[825] 거문고는 줄 골라 세워 놓고

치장 차린 새 양금(洋琴)[826]은 떠는 나비 앉혔구나

생황(笙簧)[827] 퉁소[828] 죽장고(竹杖鼓)[829]며 피리[830] 저[831] 해금(奚琴)[832]이며

새로 갈린[833] 큰 장구를 청서피(靑鼠皮)[834] 새 굴레[835]에

홍융사(紅絨絲)[836] 용두(龍頭)[837]머리 단단히 죄어 매고

---

823) 계면(界面) : 노래와 기악(器樂)의 슬픈 곡조.

824) 공득이(孔得伊) : 계면조에 유명한 사람의 이름.

825) 오동복판(梧桐腹板) : 오동나무로 만든 복판. 복판은 가야금이나 거문고 또는 이와 비슷한 악기의 소리가 울리는 부분

826) 양금(洋琴) : 사다리꼴 오동 겹 널빤지에 받침을 세우고, 철사 열 넉 줄을 매어 채로 쳐서 소리를 내는 현악기의 한 가지. 원래 서양의 악기를 국악기로 만든 것이다.

827) 생황(笙簧) : 아악기(雅樂器)의 한 종류. 바가지로 만든 바탕에 19개나 13개의 가는 대를 묶어 세우고 주전자 귀때 비슷하게 된 부리로 불게 되는데 바가지 대신 나무통을 쓰기도 한다.

828) 퉁소(洞簫) : 대나무로 만든 악기. 구멍이 8개가 있으며 단소보다 길고 가늘다.

829) 죽장고(竹杖鼓) : 지름 10cm 이상, 길이 80~90cm의 굵은 대통의 속 마디를 뚫어 만든, 장구처럼 쓴 악기. 세워 놓고 막대기로 쳐서 소리를 낸다.

830) 피리 : 구멍이 8개가 있고 갈대로 만든 피리혀를 꽂아서 불게 된 악기.

831) 저 : 구멍이 7개가 있는 피리의 일종. 취공(吹孔) 다음 구멍에 죽청(竹淸)을 바르고 소리를 낸다. 당적(唐笛). 횡적(橫笛).

832) 해금(奚琴) : 속이 빈 둥근 나무를 짐승의 가죽으로 메우고 긴 나무를 꽂아 활 모양의 줄을 건 악기. 속칭 깡깡이라고 함.

833) 갈린 : '갈리다'에서 온 말. '갈리다'는 갈이칼로 나무그릇 따위를 깎아 만들게 하는 것. 갈이칼은 선반처럼 재료를 굴대에 물려 돌리면서 깎을 때 대는 칼. 장구는 둥글기 때문에 선반 같은 것에 물려서 돌리고 이에 칼을 대어 깎아낸다.

834) 청서피(靑鼠皮) : 다람쥐나 날다람쥐의 가죽.

835) 굴레 : 말이나 소의 얼굴과 목을 얼러서 얽은 줄. 여기서는 장구의 줄을 조이는 것. 조이개, 축수(縮綬), 부전이라고도 함.

836) 홍융사(紅絨絲) : 붉은 비단 실.

837) 용두(龍頭) : 장고틀 얽어매는 용머리 모양으로 된 황철(黃鐵)로 만든 갈고리.

태극(太極) 그린 큰 북 가에 쌍룡(雙龍)을 그렸구나.
왕대[838]를 가로질러 흰 무명 십여 척(尺)을
고리 꿰어 메어달고 다홍 상모(象毛)[839] 긴 북 챌다

각색 기생 들어온다 예사로운 놀음에도
치장이 놀랍거든 하물며 승전(承傳)놀음[840]
별감(別監)의 놀음인데 범연히 치장하랴
얼음 같은 누른 전모(氈帽)[841] 자지갑사(紫地甲紗)[842] 끈을 달고
구름 같은 허튼머리 반달 같은 쌍얼레[843]로
솰솰 빗겨 고이 빗겨 편월(片月) 좋게 땋아 있고
모단(毛緞)[844] 삼승(三升) 가리마[845]를 앞을 덮어 숙여 쓰고
산호잠(珊瑚簪)[846] 밀화(蜜花)비녀 은비녀 금봉차(金鳳釵)[847]를

---

838) 왕대 : 대의 한 종류. 가장 굵게 자란다.

839) 상모(象毛) : 기(旗)나 창 따위의 머리에 다는 붉은 빛깔의 가는 털. 술이나 이삭과 같이 생겼다. 여기서는 벙거지의 꼭지에도 단 것을 말하는 바, 벙거지 꼭지에 참대와 구슬로 장식하고 그 끝에 해오라기의 털이나 긴 백지 오리로 꾸민 것을 말한다.

840) 승전(承傳)놀음 : 승전은 임금의 뜻을 전달함. 승전놀음은 가사 본문에 묘사되어 있으나, 그 유래는 분명하지 않다.

841) 전모(氈帽) : 비 올 때 여자 하인이나, 아이들이 머리에 쓰는 갓의 한 가지. 대테에 살을 대고 종이를 바른 뒤에 기름에 결어 만든다. 흔히 기생이 외출 때 뚜껑이 있는 가마를 타지 못하므로 햇볕을 가리기 위해 썼다.

842) 자지갑사(紫地甲紗) : 자줏빛의 품질이 좋은 비단.

843) 쌍얼레 : 쌍으로 된 얼레빗. 얼레빗은 살이 굵고 성긴 빗.

844) 모단(毛緞) : 짐승 털로 빛깔을 맞추고 무늬를 놓아 두툼하게 짠 부드러운 요.

845) 가리마 : 여자의 큰머리, 곧 가체(加髢)머리의 앞에 덮는, 배접한 검은 헝겊. 의녀(醫女)들이 주로 썼다.

846) 산호잠(珊瑚簪) : 산호로 만든 비녀.

847) 금봉차(金鳳釵) : 금으로 봉황을 새겨서 만든 비녀.

이리 꽂고 저리 꽂고 당가화(唐假花)[848] 상가화(常假花)[849]를

눈을 가려 자주 꽂고, 도리불수(桃李佛手) 모초단(毛綃緞)[850]을
웃저고리 지어 입고, 양색단(兩色緞) 속저고리
갖은 패물(佩物) 꿰어 차고 남갑사(藍甲紗) 은조사(銀造紗)[851]며
화갑사(花甲紗) 긴 치마를 허리 졸라 동여 입고
백방수주(白紡水紬)[852] 속속곳과 수갑사(繡甲紗)[853] 단속곳[854]과
장원주(壯元紬) 넓은 바지 몽고삼승(蒙古三升) 겉버선과
안동(安東) 상전(床廛)[855] 수운혜(繡雲鞋)[856]를 맵시 있게 신어 두고
백만 교태(嬌態) 다 피우고 모양 좋게 들어온다

내의녀(內醫女)[857] 침선비(針線婢)[858]며 공조(工曹)[859]라 혜민서(惠民

848) 당가화(唐假花) : 중국제 조화(造花).
849) 상가화(常假花) : 상가화는 항용 쓰는 조화.
850) 모초단(毛綃緞) : 날은 가는 올로, 씨는 굵은 올로 짠 비단.
851) 은조사(銀造紗) : 중국제 비단의 한 가지. 여름 옷감으로 쓴다.
852) 백방수주(白紡水紬) : 흰 고치에서 켠 실로 짠 품질이 아주 좋은 비단. 수주는 원래 수화주(水禾紬)의 준말. 수화주는 품질이 좋은 깁.
853) 수갑사(繡甲紗) : 수를 놓은 갑사. 갑사는 아주 품질이 좋은 비단.
854) 단속곳 : 여자의 치마 속, 바지 위에 덧입는 속곳.
855) 상전(床廛) : 시전의 잡화를 팔던 가게.
856) 수운혜(繡雲鞋) : 비단으로 올을 하고 소가죽으로 바닥을 댄 여성의 신발인데 신코에 구름무늬 수를 놓았다.
857) 내의녀(內醫女) : 내의원(內醫院) 소속의 의녀(醫女). 의녀는 원래 기생이 아니었으나, 임진왜란 이후 점점 기생의 역할을 맡게 되었다. 이들을 약방기생(藥房妓生)이라 하며 기생 중 지위가 가장 높다. 그래서 옥당기생(玉堂妓生)이라고 부르기도 한다.
858) 침선비(針線婢) : 상의원(尙衣院)에 소속되어 의복의 제작에 종사하는 계집종. 이들 역시 기생의 역할을 담당한다.

署)[860]며

늙은 기생 젊은 기생 명기(名妓) 동기(童妓) 들어온다

오동(梧桐) 양월(良月) 밝은 달에 밝고 밝은 추월(秋月)[861]이며

춘래편시도화수(春來片時桃花樹)[862]라 벽도(碧桃) 홍도(紅桃) 들어온다

설만장안학정홍(雪滿長安鶴頂紅)[863]하니 외로울사 일점홍(一點紅)이

정부만리수타향(征夫萬里戍他鄕)[864]하니 바라볼사 관산월(關山月)이

앵전고지연입루(鶯轉高枝燕入樓)[865]하니 소리 좋은 연앵(燕鶯)이며

청천삭출금부용(靑天削出金芙蓉)[866]하니 의젓한 부용(芙蓉)이며

천리앵제녹영홍(千里鶯啼綠暎紅)[867]하니 탈색(奪色)할사 영산홍(暎山紅)이

---

859) 공조(工曹) : 산림, 수리, 교통, 야금, 질그릇, 공예품 제작, 도량형 관리 등을 맡은 육조의 하나. 공조에서는 군복(軍服)을 제작하기도 했는데, 이 일을 맡은 계집종 역시 기녀의 역할을 맡았다.

860) 혜민서(惠民署) : 일반 백성의 질병을 치료하고 의학을 가르치기도 하던 곳. 현재 수표동에 있었다. 혜민서에도 의녀가 소속되는 바, 이들 역시 조선후기에 와서 기생의 역할을 겸하였다.

861) 추월(秋月) : 추월이, 벽도(碧桃), 홍도(紅桃), 관산월(關山月) 이하 죽엽(竹葉)이 백릉파(白凌波)까지는 모두 한시(漢詩)에 맞추어 부르는 기생 이름이다. 이것을 기생점고(妓生點考)라 한다.

862) 춘래편시도화수(春來片時桃花樹) : 봄이 잠깐 복숭아나무에 와서 머무름.

863) 설만장안학정홍(雪滿長安鶴頂紅) : 눈이 장안에 가득한데, 학의 머리가 붉음. 단정학(丹頂鶴) 곧 두루미의 머리 위가 붉은 것을 두고 한 말임.

864) 정부만리수타향(征夫萬里戍他鄕) : 남편이 멀리 만리 변방 타향으로 가서 수자리를 살고 있음.

865) 앵전고지연입루(鶯轉高枝燕入樓) : 꾀꼬리는 높은 나무에서 울고 제비는 다락으로 들어감.

866) 청천삭출금부용(靑天削出金芙蓉) : 푸른 하늘에 깎은듯 금빛 연꽃이 솟아남. 이백의 「여산오로봉(廬山五老峰)」에 나오는 한 구절.

867) 천리앵제녹영홍(千里鶯啼綠暎紅) : 천리 강남길에 꾀꼬리가 울고 푸른 잎에 붉은 꽃들이 어리비친다는 뜻. 두목(杜牧)의 「강남춘(江南春)」의 한 구절.

구봉침(九鳳枕)[868] 잠깐 보니 화려할사 채봉(彩鳳)이며
옥출곤강(玉出崑岡) 금생려수(金生麗水)[869] 보배로운 금옥(金玉)이며
선성재수홀사양(蟬聲在樹忽斜陽)[870]하니 신기(神奇)롭다 초선(貂蟬)이며
낙양(洛陽) 장안(長安) 봄 늦었다 번화(繁華)로운 만점홍(滿點紅)이
강성오월낙매화(江城五月落梅花)[871]하니 향기로운 매향(梅香)이며
녹죽의의청고절(綠竹猗猗青高節)[872]하니 절개 있는 죽엽(竹葉)이며
경수무풍야자파(鏡水無風也自波)[873]하니 곱고 고운 백릉파(白凌波)[874]다
운빈화안금보요(雲鬢華顔金步搖)[875]하니 설부화모참치시(雪膚花貌參差時)[876]라

차례로 늘어 앉아 놀음을 재촉한다
화려한 거문고는 안족(雁足)[877]을 옮겨 놓고

---

868) 구봉침(九鳳枕) : 아홉 마리의 봉황을 수놓은 베개.

869) 옥출곤강(玉出崑岡) 금생려수(金生麗水) : 옥은 곤륜산에서 나고 금은 여수에서 산출됨. 『천자문』에 나오는 구절.

870) 선성재수홀사양(蟬聲在樹忽斜陽) : 나무에 매미소리가 나는데, 어느덧 저녁 석양이 됨.

871) 강성오월낙매화(江城五月落梅花) : 강성의 오월에 매화꽃이 떨어짐.

872) 녹죽의의청고절(綠竹猗猗青高節) : '녹죽의의'는 『시경(詩經)』에 나오는 말. 대나무가 무성함. 무성한 대나무의 푸른 빛은 곧 높은 절개라는 뜻임.

873) 경수무풍야자파(鏡水無風也自波) : 거울 같은 물에 바람도 없는데, 절로 파도가 일어남.

874) 백릉파(白凌波) : 기생의 이름. 『구운몽』에 나오는 여자 주인공의 한 사람.

875) 운빈화안금보요(雲鬢華顔金步搖) : '운빈화안'은 구름 같은 귀밑머리에 화려한 얼굴에 금으로 만든 보요(步搖)를 꽂았음. '보요(步搖)'는 떨잠. 곧 걸어가면 가늘게 떨게 되어 있는 머리 장식품을 말한다.

876) 설부화모참치시(雪膚花貌參差時) : '눈 같이 흰 피부와 꽃 같은 얼굴을 아름다운 기생들이 섞여 있을 때'란 뜻.

문무현(文武絃)[878] 다스리니 농현(弄絃)[879]소리 더욱 좋다
한만(汗漫)[880]한 저 다스림[881] 길고 길고 구슬프다
피리는 침을 뱉고[882] 해금(奚琴)은 송진(松津) 그슬고[883]
장구는 굴레 죄어 더덕[884]을 크게 치니
관현(管絃)[885]의 좋은 소리 심신(心身)이 황홀하다

거상조(擧床調)[886] 내린 후에 노래하는 어린 기생
한 손으로 머리 받고 아미(蛾眉)[887]를 반쯤 숙여
우조(羽調)[888]라 계면(界面)이며 소용(搔聳)[889]이 편락(編樂)[890]이며

---

877) 안족(雁足) : 기러기발. 거문고를 조율하는 데 쓴다. 단단한 나무를 기러기발처럼 만들어 줄 밑에 괴고 움직여서 줄의 소리를 고른다.

878) 문무현(文武絃) : 거문고의 제1현인 문현(文絃)과 제6현인 무현(武絃).

879) 농현(弄絃) : 국악의 현악기 연주에서, 왼손으로 줄을 짚고 본디 음 밖의 꾸밈음을 내는 수법.

880) 한만(汗漫) : 화평하고 안한(安閑)한 것.

881) 다스림 : 국악을 합주하기 전에 속도 호흡 음률을 고르고 악기를 손에 익히기 위해 먼저 짧은 곡조를 연주해 보는 일.

882) 피리는 침을 뱉고 : 피리 혀(舌)에 침칠을 하고 붙어야 소리가 잘 나기 때문에 하는 행동.

883) 해금(奚琴)은 송진(松津) 그슬고 : 해금 줄에 송진을 칠하여야 소리가 잘 나기 때문에 하는 말임.

884) 더덕 : 장구를 더덕쿵 치는 소리.

885) 관현(管絃) : 관악(管樂)과 현악(絃樂).

886) 거상조(擧床調) : 연회를 시작할 때 먼저 연주하는 음률.

887) 아미(蛾眉) : 나방이 같은 미인의 눈썹.

888) 우조(羽調) : 『악학궤범(樂學軌範)』에 밝힌 거문고와 가야금 따위의 높은 조. 남성적이고 씩씩한 소리를 낸다.

889) 소용(搔聳) : 조선 숙종 때 가객 박후웅(朴後雄)이란 사람이 과거의 희락(戲樂)을 본받아 새로 만든 가곡(歌曲)의 곡조. 떠들썩하고 높이 솟구치는 풍으로 부른다.

춘면곡(春眠曲)[891] 처사가(處士歌)[892]며 어부사(漁夫詞)[893] 상사별곡(相思別曲)[894]

황계타령(黃鷄打令)[895] 매화타령[896] 잡가(雜歌)[897] 시조(時調) 듣기 좋다.

춤추는 기생들은 머리에 수건 매고

웃영산(靈山)[898] 늦은 춤에 중영산(中靈山) 춤을 몰아

---

890) 편락(編樂) : '장단이 촘촘한 엮음의 낙'이라는 뜻으로, 낙시조를 엮은 가곡의 한 가지. 우조, 곧 평조에서 계면조로 바꾸어서 있는 점에서 '반우 반계'라고도 한다.

891) 춘면곡(春眠曲) : 십이가사(十二歌詞)의 하나. 임을 여의고 괴로워하는 남자의 정회(情懷)를 읊은 노래인데, 『청구영언(靑丘永言)』『고금가곡(古今歌曲)』 등에 전한다.

892) 처사가(處士歌) : 십이가사의 하나. 속세를 버리고 오로지 자연을 벗 삼아 스스로 즐겨가는 정경을 읊었다.

893) 어부사(漁夫詞) : 십이가사의 하나. 머리가 허옇게 센 한 어부의 어촌 생활의 즐거움을 노래한 작품이다.

894) 상사별곡(相思別曲) : 십이가사의 하나. 남녀의 이별을 애타게 노래했고, 한 장단이 열 박자로 되는 특징이 있으며, 가사는 모두 196귀절이다. 『청구영언』『가곡원류(歌曲源流)』 등에 전한다.

895) 황계타령(黃鷄打令) : 십이가사의 하나. 임과 이별한 슬픔을, 병풍에 그린 누런 수탉을 끌어 들이어 풍자적으로 읊었다.

896) 매화타령(梅花打令) : 십이가사의 하나. 매화가(梅花歌)라고도 한다. 사랑을 매화에 실어 노래한 내용으로 『청구영언』『남훈태평가(南薰太平歌)』 등에 전한다. 이와는 별도로 서울 지방의 십이잡가 중 매화타령이 따로 있다. 이것은 달거리 노래 중 후반부를 따로 떼어서 부르는 노래다. 가사 가운데 '좋구나 매화로구나'가 자주 나오는 데서 붙여진 이름이다.

897) 잡가(雜歌) : 잡스런 노래. 또는 조선조 말 평민층 사이에서 지어 부르던 가사체의 노래. 십이잡가와 같은 것이 대표적인 것이다. 하지만 여기서 '잡가'가 십이잡가를 뜻하는지, 아니면 위의 십이가사 등을 포함하여 여러 잡스런 노래라는 뜻인지는 알 수가 없다.

898) 웃영산(靈山) : 영산회상곡(靈山會上曲)의 첫째 곡조인 상영산(上靈山)을 말한다. 영산회상곡은 석가여래가 설법(說法)하던 영산회(靈山會)의 불보살을 노래한 악곡이다. 원래 '영산회상불보살' 일곱 자를 노래하던 성악곡인데, 뒤에 기악곡

잔영산(靈山) 입춤[899] 추니 무산선녀(巫山仙女)[900] 내려온다

배떠나기 북춤이며 대무(對舞)[901] 남무(男舞)[902] 다 춘 후에

안 올린 벙거지에 성성전(猩猩氈)[903] 중두리[904]에

주먹 같은 밀화증자(蜜花鐙子)[905] 매미 새겨 달고

갑사군복(甲紗軍服) 홍수(紅袖)[906] 달아 남수화주(藍繡花紬) 긴 전대(纏帶)[907]를

허리를 잔뜩 매고 상모(象毛) 단 노는 칼[908]을

두 손에 비껴 쥐고 잔영산 모는 새면[909]

(器樂曲)으로도 변주되었다. 상영산, 중영산, 잔영산 세 가지가 있다.

899) 입춤 : '선춤'이라는 뜻. 입무(立舞)라고도 한다. 또는 장단이나 의상, 춤의 순서 등이 특별히 정해지지 않은, 춤꾼 자신의 감정에 따라 추는 자유로운 춤을 입춤이라고도 한다.

900) 무산선녀(巫山仙女) : 초(楚)나라 회왕(懷王)이 꿈 속에서 만났다는 무산의 선녀. 중국 사천성(四川省) 무산현(巫山縣)에 선녀묘(仙女廟)가 있다.

901) 대무(對舞) : 서로 마주서서 짝을 지어 추는 춤.

902) 남무(男舞) : 남자 춤. 또는 기생이 쪽빛 창의를 입고 추는 춤. 여기서는 후자일 것으로 여겨진다.

903) 성성전(猩猩氈) : 성성(猩猩)의 피처럼 진홍(眞紅)빛을 염색한 모전(毛氈).

904) 중두리 : 앞의 주 790)을 보라.

905) 밀화증자(蜜花鐙子) : 밀화로 만든 증자. 증자는 전립(戰笠) 같은 물건 위에 꼭지처럼 만든 장식물. 품계에 따라, 금・은・옥・돌의 구별이 있다.

906) 홍수(紅袖) : 군복의 붉은 소매.

907) 전대(纏帶) : 군복에 띠는 남색띠. 장교 이상은 명주로, 군졸은 무명으로 하되, 솔기를 비틀어서 넓이 10cm, 길이 3m로 하여 두 끝을 터놓고 세모꼴이 되게 하였다.

908) 노는 칼 : 칼날이 칼자루에서 자유롭게 움직이게 장치하여 칼춤을 출 때 칼날이 놀게 된 칼.

909) 새면 : 삼현(三絃), 곧 삼현육각(三絃六角)이다. 삼현육각은 피리 둘, 대금, 해금, 장구, 북이 각각 하나씩 편성되는 풍류. 춤을 동반할 때는 '새면'이나 '삼현육각'으로 부른다. 춤을 동반하지 않은 감상음악일 경우는 '대풍류'라 부른다.

항장(項莊)의 춤[910]일런가 가슴이 서늘하다
보기에 번화(繁華)하고 듣기에 신기하다

춘성(春城) 삼백 구십교(三百九十橋)[911]와 대도청루(大道靑樓)[912] 십이중(十二重)에
집집이 관현(管絃)이요 거리거리 노래로다
연풍해전가가주(年豊海甸家家酒)[913]요 춘만강성처처화(春滿江城處處花)[914]라
동도부(東都賦)[915] 서도부(西都賦)[916]며 임고대(臨高臺)[917] 제경편(帝京編)[918]과
제왕(帝王) 국도(國都) 지은 글이 번화(繁華)가 장하건만
자성제인(子誠齊人)[919] 어린 소견 우리 한양(漢陽) 제일일다

---

910) 항장(項莊)의 춤 : 검무(劍舞)를 말한다. 항우와 유방이 홍문(鴻門)에서 연회를 베풀었을 때 항우의 신하 항장(項莊)이 검무를 추면서 유방을 죽이고자 했다는 데서 유래한 말이다.

911) 춘성(春城) 삼백 구십교(三百九十橋) : 봄날 장안의 많은 다리.

912) 청루(靑樓) : 기생집.

913) 연풍해전가가주(年豊海甸家家酒) : 풍년이 되어 집집마다 술이 있다.

914) 춘만강성처처화(春滿江城處處花) : 봄이 강성에 가득하니 곳곳마다 꽃이 핀다.

915) 동도부(東都賦) : 동도는 중국의 낙양. 곧 동한(東漢)의 수도.

916) 서도부(西都賦) : 서도는 중국의 장안. 곧 서한(西漢)의 수도. 후한의 반고(班固)가 「이도부(二都賦)」를 지었던 바, 곧 동도부와 서도부이다.

917) 임고대(臨高臺) : 악부시의 하나. 한(漢)나라의 요가(鐃歌)에 속한다. 요가는 군악(軍樂)으로 행군할 때 징을 울리며 부르는 노래라고 한다.

918) 제경편(帝京編) : 당나라 태종(太宗)이 지은 시. 당시의 서울을 노래한 것이라 한다. 또 당나라의 낙빈왕(駱賓王)도 같은 제목의 작품을 지었다고 한다.

919) 자성제인(子誠齊人) : '그대는 정말 제나라 사람이다'는 뜻. 제나라 공손추(公孫丑)가 맹자에게 제나라 인물인 관중(管仲)과 안영(安嬰)만 훌륭한 사람이라고 말하자 맹자가 "그대는 정말 제나라 사람"이라면서 비꼬았던 데서 유래한 말. 속

임자는 그 뉘신고 하늘이 내신 인군
적덕[920]백년(積德百年) 태조대왕 홍무(洪武)[921]에 등극(登極)하사
예악법도(禮樂法度) 소중화(小中華)라 선리[922]건곤(仙李乾坤) 거룩하다
계계승승(繼繼承承) 성자신손(聖子神孫) 즐겁구나 우리 성주(聖主)
어질기는 요순(堯舜)이요 효(孝)롭기는 문무(文武)[923]로다
주(周)나라 구여시(九如詩)[924]와 한(漢)나라 사중가(四重歌)[925]는
아마도 우리나라 수무족도(手舞足蹈) 즐겁구나

해마다 정월이면 태묘(太廟)[926] 사직(社稷) 다니신 후
능행[927]령(陵幸令) 내리시니 남도(南道) 거동[928] 되신다네

이 좁은 사람을 흔히 지칭한다.

920) 적덕(積德) : 선행을 하여 덕을 쌓는 것.

921) 홍무(洪武) : 명나라 태조 주원장(朱元璋)의 연호.

922) 선리(仙李) : 조선의 성씨가 이씨(李氏)니, 조선 왕실을 신선같이 높이 찬양하는 말이다.

923) 문무(文武) : 주(周)나라 무왕(文王) 창(昌)과 그의 아들인 무왕(武王) 발(發).

924) 구여시(九如詩) : 구여(九如)는『시경(詩經)』소아(小雅)「천보편(天保篇)」에 나오는 말. 곧 하늘이 임금에게 내린 아홉 가지 축복을 말하는 것인데, 모두 '여(如)' 자를 써서 비유적으로 나타냈기에 구여라고 하고,「천보편」을 또 구여시라고 한다. 구여는 높은 산과 같고[如山], 높은 땅덩이 같고[如阜], 높은 산등성이 같고[如岡], 높은 언덕과 같고[如陵], 강물이 막 흘러오듯 하는 것 같고[如川之方至], 달빛이 늘 밝은 것 같고[如月之恒], 해가 막 뜨는 것 같고[如日之昇], 남산처럼 오래 사는 것 같고[如南山之壽], 송백(松柏)이 우거진 것 같다[如松柏之茂]는 뜻이다. 곧 임금과 임금의 나라가 편안하고 장구함을 말하는 것이다.

925) 사중가(四重歌) : 사시무(四時舞)를 말한다. 한(漢)나라 때 아악(雅樂)의 하나. 문제(文帝)가 사시무(四時舞)를 만들어 천하의 안정됨을 밝혔다고 한다.

926) 태묘(太廟) : 왕실의 역대 신위(神位)를 봉안한 사당. 종묘.

927) 능행(陵幸) : 왕이 능(陵)에 행차하는 것. 여기서는 수원의 정조의 능인 건릉(健陵)과 사도세자의 묘인 현륭원(顯隆園)에 가는 것을 말한다.

928) 거동(擧動) : 임금의 나들이. 거둥 혹은 동가(動駕)라고도 한다.

남도(南道)는 화성부(華城府)[929]라 두 능을 뫼셨으니

건릉(健陵)[930]과 현륭원(顯隆園)[931]의 춘전알(春展謁)[932] 영(令)이 났다

병판(兵判)은 군령(軍令) 대령(待令)

각 영문(營門) 장신(將臣)[933]네는 군장점고(軍裝點考)[934] 신칙(申飭)[935] 하고

백각사(百各司) 관원들은 군복 융복(戎服)[936] 치장하고

백각사 하인들은 능행 복색(服色) 재촉하니

택일은 삼월이라 능행도 하시면서 춘성경(春省耕) 하시련다

호조의 별례방(別例房)[937]은 계사(計士)[938]를 영통(領統)하여

각색 장색(匠色)[939] 거느리고 능소(陵所)로 바삐 가고

주교[940]대장(舟橋大將) 전령(傳令)하여 주교(舟橋)를 신칙한다

전세(田稅) 대동(大同)[941] 싣는 배와 두대박이[942] 외대박이[943]

---

929) 화성부(華城府) : 지금의 경기도 수원.

930) 건릉(健陵) : 정조의 능(陵).

931) 현륭원(顯隆園) : 장헌세자(莊獻世子), 곧 사도세자의 원(園)이다. 왕세자와 왕세자의 비빈(妃嬪), 왕의 사친(私親)의 무덤을 원(園)이라 한다.

932) 춘전알(春展謁) : 임금이 봄에 능과 원을 찾아가 배알(拜謁)하는 것.

933) 장신(將臣) : 각 군문의 대장.

934) 군장점고(軍裝點考) : 군대의 장비를 일일이 표를 찍어가며 검열하는 것.

935) 신칙(申飭) : 알아듣도록 거듭 단단히 타이름.

936) 융복(戎服) : 철릭과 주립(朱笠)으로 된 군복의 일종. 문신(文臣)이라도 전쟁 때나 임금을 호종(扈從)할 때는 입었음.

937) 별례방(別例房) : 앞의 주 249)를 보라.

938) 계사(計士) : 앞의 주 250)을 보라.

939) 장색(匠色) : 앞의 주 253)을 보라.

940) 주교(舟橋) : 배다리. 강물 위에 배를 이어 띄우고 그 위에 널판을 깔아 임시로 쓰는 다리.

941) 대동(大同) : 앞의 주 362)를 보라.

942) 두대박이 : 돛대 둘이 있는 배.

당도리[944]며 먼정이[945]며 중거루[946] 낚거루[947]를
십리장강 너른 물에 머리 맞게 늘어세고[948]
선장(船匠)[949]이며 지위목수(指揮木手) 주야로 일을 할 제
주교별장(舟橋別將) 군복 하고 이리 가며 저리 가며
등패(等牌)[950]를 영통(領統)하여 결곤(結緄)[951] 신칙 일을 몬다
배 위에 장송(長松) 깔고 장송 위에 박송(薄松)[952] 깔고
그 위에 모래 펴고 모래 위에 세사(細沙) 펴고
그 위에 황토 깔고 좌우에 난간 짜고
팔뚝 같은 쇠사슬로 배머리를 걸어매고
양끝에 홍전문(紅箭門)[953]과 한가운데 홍전문에
홍기(紅旗)를 높이 꽂고 좌우의 뱃사공은
청의(靑衣) 청건(靑巾) 남전대(藍纏帶)에 오색기(五色旗) 손에 들고
십리 주교 벌였으니 천승군왕(千乘君王) 위의로다
주교대장 주교별장 신칙호령 엄위(嚴威)하다

---

943) 외대박이 : 돛대가 하나 있는 배.

944) 당도리(唐道里) : 바다로 다니는 큰 나무 배.

945) 먼정이 : 이물이 뾰쪽한 배. 이물은 배의 머리 쪽.

946) 중거루 : 거룻배의 한 가지. 거룻배는 돛이 없는 작은 배를 말한다. 따라서 중거루는 중간쯤 되는 돛 없는 작은 배.

947) 낚거루 : 낚시로 물고기를 잡을 때 쓰는 작은 거룻배.

948) 늘어세고 : 늘어세우고

949) 선장(船匠) : 배를 짓는 목수.

950) 등패(等牌) : 무슨 역사(役事)를 할 때 일꾼들 가운데에서 영솔의 책임을 맡은 사람.

951) 결곤(結緄) : 묶는 것. 여기서는 배와 배를 이어 묶는 것.

952) 박송(薄松) : 두께가 얇은 널판.

953) 홍전문(紅箭門) : 능(陵)·묘(廟)·궁전(宮殿)·관아(官衙) 등의 정면에 세운 붉은 문. 붉은 살을 문미(門楣)에 죽 박아 만들었기 때문에 홍살문이라고 한다.

유도대장(留都大將)954) 영군(領軍)하고 종로(鐘路)마루 한가운데
차일을 높이 치고 차일 밑에 유둔(油芚) 치고
유둔 아래 군막(軍幕) 치고 군중에 호령한다
신시(申時)에 취군(聚軍)하여 돈화문(敦化門)955) 밖 다 모인다
경야(經夜)956)를 하려 하고 어한제구(禦寒諸具) 가졌구나
길마재957) 한 봉화(烽火)958)에 남산(南山) 봉화 응하여서
일제히 네 자루가 변방무사(邊方無事)959) 보(報)하였다
초경(初點)960) 삼점(三點)961) 인정(人定)962)소리 이십팔수(二十八宿)963)

---

954) 유도대장(留都大將) : 임금이 도성을 나가 거둥하였을 때 도성을 지키는 대장.

955) 돈화문(敦化門) : 창덕궁(昌德宮)의 정문.

956) 경야(經夜) : 밤을 새는 것.

957) 길마재 : 안현(鞍縣). 곧 현재의 무악재 산마루.

958) 봉화(烽火) : 횃불을 이용한 신호 방법. 전국의 산머리에 일정한 봉홧둑을 만들어, 낮에는 토끼 똥을 태워 곧게 올라가는 연기로, 밤에는 불로 신호를 보냈다. 일이 없을 때는 봉화를 한 번, 적이 나타나면 두 번, 지경(地境)에 가까이 오면 세 번, 지경을 침입하면 네 번, 싸움이 시작되면 다섯 번을 든다. 모든 지방의 봉화는 서울로 향하게 되어 있었음.

959) 변방무사(邊方無事) : 변방의 방어에 아무런 일이 없음.

960) 초겻 : 초경(初更). 하룻밤을 오경(五更)으로 나눈 가운데 첫 번째. 대개 오후 7시부터 9시 사이.

961) 삼점(三點) : 삼경. 자정 무렵.

962) 인정(人定) : 야간 통행을 금지하기 위해 큰 도시에서 밤마다 2경에 치던 쇠북. 여기서는 서울 종로의 보신각 종을 말한다. 인경이라고도 한다.

963) 이십팔수(二十八宿) : 옛날 중국에서 해, 달, 별 등의 소재를 밝히기 위해 황도(黃道)에 따라 천구(天球)를 스물 여덟으로 구분한 것으로, 동쪽 분야의 각(角)·항(亢)·저(氐)·방(房)·심(心)·미(尾)·기(箕), 북쪽 분야의 두(斗)·우(牛)·여(女)·허(虛)·위(危)·실(室)·벽(壁), 서쪽 분야의 규(奎)·누(婁)·위(胃)·묘(昴)·필(畢)·자(觜)·삼(參), 남쪽 분야의 정(井)·귀(鬼)·유(柳)·성(星)·장(張)·익(翼)·진(軫) 등의 별자리를 가리킨다. 이에 따라 종로의 보신각 종을

응하였고

전루(傳漏)[964]를 몰아쳐서 오경(五更)[965]이 벌써 되니
서른 세 번 파루(罷漏)[966] 소리 그치면서 초엄(初嚴)[967] 치고
재엄(再嚴) 치고 삼엄(三嚴) 치니 묘정(卯正)[968]삼각(三刻)[969] 되었구나
통례원(通禮院)[970] 좌통례(左通禮)[971]가 승여(乘輿)[972]를 청하였다
부도가(部導駕) 앞도가며 한성부(漢城府) 꼭뒤도가
사헌부(司憲府) 도가[973] 끝에 선진(先陣)[974]이 동군(動軍)한다
기대장(騎大將)[975] 앞을 서니 마군(馬軍)의 머리로다
오마대(五馬隊)[976] 마군들은 항오(行伍)[977]가 엄숙하다

28번을 친다.

964) 전루(傳漏) : 누각(漏刻)을 전보(傳報)함. 곧 물시계로 알아낸 시각을 알리는 것.

965) 오경(五更) : 오전 4시 경.

966) 파루(罷漏) : 5경 3점(點)에 큰 종을 33번 쳐서 성문을 열고 통행금지를 해제하는 것.

967) 초엄(初嚴) : 거둥이나 행군 때에 준비태세를 갖추라는 신호로 울리는 첫 번째의 엄고(嚴鼓). 초엄에 대오을 정비하고, 이엄에 병기를 갖추고 삼엄에 행군한다.

968) 묘정(卯正) : 오전 6시 정각.

969) 삼각(三刻) : 45분. 1각은 15분이다.

970) 통례원(通禮院) : 앞의 주 259)를 보라.

971) 좌통례(左通禮) : 통례원의 정3품 관직.

972) 승여(乘輿) : 왕의 탈 것. 곧 연(輦), 수레 등.

973) 도가(導駕) : 왕의 거둥 때 관원이 앞에 가면서 도로의 먼지를 쓸고 황토를 깔고 길을 정리하여 어가(御駕)를 인도하는 것. 위의 본문에서는 '부도가' '앞도가' '꼭뒤도가'의 셋이 나오는데, 정확한 뜻은 미상이다. 다만 꼭뒤도가의 꼭뒤는 머리 뒤통수의 한가운데란 뜻이니, 뒤에 서는 도가라는 뜻으로 이해된다. 앞도가는 자연히 앞에 서는 도가란 뜻이 되겠지만, 정작 맨 앞에 나오는 부도가의 정확한 뜻은 미상이다.

974) 선진(先陣) : 앞서 나가는 군대.

975) 기대장(騎大將) : 금위영(禁衛營), 어영청(御營廳)의 직명. 정3품, 또는 종2품관.

976) 오마대(五馬隊) : 기마(騎馬) 5필로 일렬횡대를 짓는 것.

별대마병(別隊馬兵)[978] 선기대(善騎隊)[979]며 천총(千總)[980] 파총(把總)[981] 기총(騎總)[982]이며

각초(各哨) 초관(哨官)[983] 모양들은 제 방위색(方位色)[984] 물을 들여

더그레며 수기(手旗) 쥐고 원앙진(鴛鴦陣)[985] 보군작대(步軍作隊)

전초(前哨)[986] 후초 좌초(左哨) 우초 전사(前司)[987] 후사 좌사 우사

삼항(三行)으로 행군하니 초기(哨旗)가 앞을 섰네

범 같고 곰 같으니 군상(軍像)이 웅위(雄威)하다

도감(都監)[988]이 선상(先廂)[989]이라 대장(大將)의 기구(器具) 보소

전건(戰巾)[990] 쓴 겹 전배(前排)[991]의 영기(令旗)[992] 순시(巡視)[993] 곤장(棍杖)[994] 주장(朱杖)[995]

---

977) 항오(行伍) : 군대를 편성하는 대열.
978) 별대마병(別隊馬兵) : 금위영의 기병(騎兵).
979) 선기대(善騎隊) : 기마(騎馬)에 익숙한 병대(兵隊).
980) 천총(千總) : 각 군영(軍營)의 장교직의 하나로 정3품 관직.
981) 파총(把總) : 각 군영의 장교직의 하나로 종4품 관직.
982) 기총(騎總) : 각 군영의 장교직의 하나로 당하관. 기사(騎士)는 당상관이다.
983) 초관(哨官) : 각 군영의 1초(哨)를 통솔하는 군관(軍官). 1초는 약 1백 명.
984) 방위색(方位色) : 방위를 나타내는 빛깔.
985) 원앙진(鴛鴦陣) : 진법의 한 가지.
986) 전초(前哨) : 전위가 되는 군사 1초(哨). 1초는 약 1백 명이라고 말한 바 있다.
987) 전사(前司) : 임금의 거둥 때 앞에서 호위를 맡아보는 총을 가진 보군(步軍).
988) 도감(都監) : 훈련도감(訓練都監).
989) 선상(先廂) : 임금의 거둥 때 앞장 서는 전위(前衛) 부대.
990) 전건(戰巾) : 병졸이 쓰는 두건.
991) 전배(前排) : 임금이 거둥할 때 임금의 수레 앞에 늘어서는 궁속(宮屬).
992) 영기(令旗) : 군령(軍令)을 전하는 기(旗). '令' 자를 썼다.
993) 순시(巡視) : '巡視' 두 글자를 쓴 기(旗)니, 대장(大將)이 군중을 순찰할 때 이 기를 세운다.
994) 곤장(棍杖) : 형구(刑具)의 한 가지. 버드나무로 넓적하고 길게 만들어 도둑이

청도기(淸道旗)[996] 앞을 서고 대기치(大旗幟)[997] 벌여 섰다.

관이영전(貫耳令箭)[998] 신기전(神機箭)[999]에 월도(月刀)[1000] 든 회자수(劊子手)[1001]며

금안준마(金鞍駿馬) 좋은 말에 상모(槊毛) 달고 주락(珠絡)[1002] 달고

흰 무명 된밀치[1003]며 흰 무명 마혁(馬革)[1004] 달고

나 군율(軍律)을 어긴 죄인의 볼기를 치는 데 쓰는 것. 크고 작고 무겁고 가벼움에 따라 중곤(重棍)·대곤(大棍)·중곤(中棍)·소곤(小棍) 등 다섯 종이 있다.

995) 주장(朱杖) : 붉은 칠을 한 몽둥이. 주릿대 따위로서 죄인을 신문할 때에 매질하는 몽둥이나 무기로 씀.

996) 청도기(淸道旗) : 군기(軍旗)의 하나. 행군할 때 앞에 서서 길을 치우는 데 쓰며 수효는 둘임. 바탕은 남빛이고 가장자리와 화염(火焰)은 붉은 빛인데, '淸道' 두 자를 썼음. 깃대 길이는 여덟 자로, 영두(纓頭)·주락(珠絡)이 있고, 깃대강이는 창인(槍刃)으로 됨.

997) 대기치(大旗幟) : 진중(陣中)에서 방위를 표시하는 기. 용호영(龍虎營)은 청도기 둘, 금고기(金鼓旗) 둘, 누른 문기(門旗) 둘, 각기(角旗) 넷, 금군 별장 인기(禁軍別將認旗) 하나, 금군청 번기(禁軍廳番旗) 일곱의 18면으로 하고, 다른 영문은 대오방기(大五方旗) 다섯, 고초기(高招旗) 다섯, 문기 열, 각기 여덟, 신기(神旗) 다섯, 청도기 둘, 금고기 둘, 표미기(豹尾旗) 하나의 38면으로 하였다가 고종 6년에 각기를 넷으로 줄이고 신기와 표미기를 없애어 28면으로 하였음.

998) 관이영전(貫耳令箭) : 전진(戰陣)에서 군율을 어긴 사형수의 두 귀를 꿰어 여러 사람에게 보이는 화살. 또는 그 형벌. 모양이 영전(令箭)보다 짧다.

999) 신기전(神機箭) : 불놀이나 신호에 쓰이는 불화살. 화전(火箭).

1000) 월도(月刀) : 자루의 길이가 여섯 자 네 치, 칼날의 길이가 두 자 여덟 치 되는 큰 칼. 언월도(偃月刀)라고도 한다.

1001) 회자수(劊子手) : 군문(軍門)에서 사형을 집행하는 일을 맡은 천인. 휘자수 또는 회광이라고도 한다.

1002) 주락(珠絡) : 타는 말의 머리의 꾸밈새. 갈기를 모숨모숨 땋고 붉은 줄을 드리고, 그 끝에 붉은 털로 넓적하게 술과 비슷이 만들어 대었다. 왕이 타는 어승마(御乘馬)와 사복시(司僕寺), 규장각(奎章閣)의 벼슬아치가 타는 말에 이처럼 장식을 하였다.

1003) 된밀치 : 소나 말의 안장(鞍裝)이나 길마에 딸린 것으로 안장이나 길마를 메울 때 볼기편으로 연결하여 잡아매는 가죽 끈.

안 올린 벙거지[1005]에 상모에 공작우(孔雀羽)[1006]며

비단군복 우단요대(羽緞腰帶) 환도(環刀)[1007] 차고 등채[1008] 잡고

밀부(密符)[1009] 병부(兵符)[1010] 껴서 차고 동개(筒箇)[1011]에 미전(尾箭)[1012] 꽂고

다홍대단(茶紅大緞) 큰 수기(手旗)[1013]에 삼군사명(三軍司命)[1014] 네

1004) 마혁(馬革) : 말 안장 양쪽에 꾸밈새로 늘어뜨리는 고삐.

1005) 안 올린 벙거지 : 장교 이상의 무관이 쓰는 벙거지. 벙거지 전의 안쪽 면은 쪽빛, 운문대단으로 꾸미고, 삭모가 늘어뜨려져 있고, 앞에 공작 깃이 달려 있다.

1006) 공작우(孔雀羽) : 공작새의 꽁지깃으로 만든 주립(朱笠)의 장식의 일종. 방우(傍羽)라고도 함.

1007) 환도(環刀) : 군복에 차던 군도(軍刀). 집과 꾸밈새는 여러 가지가 있다.

1008) 등채(藤策) : 무장(武裝)할 때 쓰는 채찍. 굵은 등(藤)의 도막의 머리 쪽에 물들인 녹비(鹿皮)나 비단의 끈을 달았음.

1009) 밀부(密符) : 모양이 직경 7cm, 두께 1cm쯤 되는 둥글고 잘 다듬은 나무쪽. 첫면에 '第몇符' '發兵'이라 쓰고, 다른 면에 임금의 화압(花押, 싸인)을 직접 쓰고 책임관원의 칭호를 쓴 가운데를 쪼개어 오른쪽은 그 책임자에게 주고, 왼쪽은 임금이 보관하였다가 동병(動兵)의 필요가 있을 때에는 그 쪽과 교서(敎書)를 내림. 받은 사람은 이것을 맞추어 확인한 뒤에 동병하였음. 일반적으로 유수(留守)·감사(監司)·총융사(摠戎使)·병사(兵使)·수사(水使)·방어사(防禦使) 등에게 주어 불시의 병란에 응할 수 있도록 하였음.

1010) 병부(兵符) : 발병부(發兵符). 군대를 동원하는 표지로 쓰이는 둥글납작한 나무 패. 한 면에 '發兵'이란 두 글자를 쓰고 또 다른 한 면에 길이로 관찰사(觀察使)·절도사(節度使)·진호(鎭號) 등을 기록하여 한가운데를 쪼개어, 오른쪽은 그 책임자에게 주고 왼쪽은 임금이 가지고 있다가, 군대를 동원할 때 임금의 교서와 함께 그 한 쪽을 내리면, 지방관은 두 쪽을 맞추어 보고 틀림없다고 인정될 때 군대를 동원함.

1011) 동개(筒箇) : 활과 화살 따위를 넣어 매게 만든 물건. 가죽으로 만드는데, 활은 반만 들어가고 살은 촉이 있는 부분만이 들어가게 되어 있음.

1012) 미전(尾箭) : 화살의 오늬에 우모(羽毛)를 붙이므로 미전(尾箭)이라 한다.

1013) 수기(手旗) : 행진할 때 장관(將官)이 손에 잡고 가는 작은 기(旗)이니 장관기(將官旗)이다.

1014) 삼군사명(三軍司命) : 삼군(三軍)은 훈련도감(訓鍊都監)·금위영(禁衛營)·어

큰 자를

두렷이 새겨내어 보기 좋게 써서 꽂고

그 뒤에 문무낭청(文武郎廳)[1015] 그 뒤에 중군(中軍)[1016] 서고

교련관(敎練官)[1017] 집사(執事)들이 뒤를 막아 호위한다

그 담은 용호영(龍虎營)이 표기(標旗)[1018] 밑에 병조판서

누런 수기(手旗) 붉은 글자 본병(本兵)[1019] 이자(二字) 써서 들고

단정히 가는 모양 대사마(大司馬)[1020] 원수(元帥)[1021]로다

금려사령(禁旅使令)[1022] 금군별장(禁軍別將)[1023] 육번금군(六番禁軍)[1024] 작대(作隊)하고

어전기치(御前旗幟) 늘어섰다 청도(淸道)[1025] 일쌍(一雙) 앞선 후에

영청(御營廳)이오, 사명기(司命旗)는 삼군(三軍)의 대장(大將)과 유슈(留守)·순찰사(巡察使)·절도사(節度使)·통제사(統制使)가 군대를 지휘하는 기(旗).

1015) 낭청(郎廳) : 각 관아의 정6품 관원.

1016) 중군(中軍) : 각 군영(軍營)의 대장(大將)의 다음가는 종2품 장관(將官).

1017) 교련관(敎練官) : 총융청(摠戎廳)과 금위영(禁衛營)에 배치되어 군대를 교련하는 장교.

1018) 표기(標旗) : 병조(兵曹)의 주기(主旗).

1019) 본병(本兵) : 병조판서의 별칭.

1020) 대사마(大司馬) : 병조판서의 별칭.

1021) 원수(元帥) : 병조판서의 별칭.

1022) 금려사령(禁旅使令) : 금군(禁軍)의 별칭. 궁중을 수호하고 임금의 거둥 때 호위 경비를 담당하는, 용호영(龍虎營) 소속의 내금위(內禁騎)·겸사복(兼司僕)·우림위(羽林衛)의 기사(騎士)를 총칭하는 말. 물론 여기서는 금군의 사령을 말한다. 사령은 곧 각 관아의 하례(下隷)니, 여기서는 금군에 딸린 하례를 말하는 것이다.

1023) 금군별장(禁軍別將) : 용호영(龍虎營)의 주장(主將). 종2품 관직이다. 금별(禁別)이라고도 한다.

1024) 육번금군(六番禁軍) : 용호영. 군총(軍摠) 편제(編制) 중의 하나. 육번액외(六番額外)가 50명이다.

좌청룡(左靑龍) 우백호(右白虎)며 남주작(南朱雀) 북현무(北玄武)며
동남각(東南角) 남동각과 동북각 북동각과
서남각 남서각과 서북각 북서각과
홍신문(紅神門)[1026] 흑신문과 청신문 백신문과
황신문 황신기(黃神旗)며 홍고초(紅高哨)[1027] 청고초며
백고초 흑고초며 황고초 등사기(螣蛇旗)[1028]며
남신장(南神將) 북신장과 동신장 서신장과
칠성기(七星旗)[1029] 표미기(豹尾旗)[1030]며 초요기(招搖旗)[1031] 금고기

1025) 청도(淸道) : 청도기를 보라.

1026) 홍신문(紅神門) : 신문은 신기(神旗)니, 군기(軍旗)의 하나다. 사람의 이목(耳目)을 어리게 하기 위해 말을 탄 신장(神將)의 화상을 기면(旗面)에 그렸는데, 방위(方位)를 따라 청(靑)·홍(紅)·백(白)·흑(黑)·적(赤)의 오색으로 만든다. 홍은 남쪽이니 홍신문은 곧 홍신기(紅神旗)로서 군영의 남쪽에 있는 것이다. 이어 나오는 흑은 북, 청은 동, 백은 서, 황은 중앙의 방위에 해당하니, 각 방위의 위치에 따라 색깔이 다른 깃발을 세운다.

1027) 홍고초(紅高哨) : 붉은 고초기(高哨旗). 고초(高哨)는 군대를 지휘하고 호령할 때 쓰는 군기(軍旗). 기면(旗面)이 5개로 동·서·남·북·중앙의 다섯 방위에 따라 푸른빛·흰빛·붉은빛·검은빛·누른빛으로 나타내고 팔괘를 그렸으며 화염(火焰)과 기미(旗尾)의 빛은 상생지리(相生之理)를 따라서 푸른 기는 붉은 빛, 흰 기는 검은 빛, 붉은 기는 누른 빛, 검은 기는 푸른 빛, 누른 기는 흰 빛으로 하여 그 깃발마다 기폭은 비단으로 하되 길이가 12자, 깃대의 길이는 15자이고 꼭대기에는 영두(纓頭)·주락(珠絡)·장목이 있고 영두에는 초롱이 달렸다. 고조기(高照旗)라고도 한다.

1028) 등사기(螣蛇旗) : 대오방기(大五方旗)의 하나. 진영의 중앙에 세워서 중군·중영(中營), 혹은 중위(中衛)를 지휘함. 깃발은 다섯 자 평방, 누른 바탕에 나는 뱀과 운기(雲氣)를 그리고, 가장자리와 기각(旗脚)은 붉은 빛이며, 깃대 길이 15자임. 영두(纓頭)·주락(珠絡)·장목이 있음.

1029) 칠성기(七星旗) : 북두칠성을 그린 군기(軍旗)의 하나.

1030) 표미기(豹尾旗) : 군기(軍旗)의 하나. 고초기(高哨旗)처럼 외폭으로 하되 길이 일곱 자, 깃대 길이 아홉 자, 표범의 꼬리를 두 곱에 꺾어 그렸음. 영두(纓頭)·주락(珠絡)·장목이 있음. 이 기(旗)를 세운 곳에는 함부로 드나들지 못하

(金鼓旗)[1032]라

물색(物色)도 좋거니와 오군[1033]미목(五軍眉目) 분명하다

삼행(三行) 분립(分立) 완행(緩行)으로 내호(來呼)[1034]소리 연하였네

가전(駕前)[1035]의 좋은 복색 교룡기(蛟龍旗)[1036] 옹위하고

둑(纛)[1037] 담에[1038] 양산(陽繖)[1039] 서고 좌우에 수정절월(水晶節

도록 하였고, 어기면 군법(軍法)으로 벌을 주었다. 이 깃발은 중죄인(重罪人)을 효수(梟首)할 때 쓴다. 효수하는 법은 처음 북 소리가 꽝 하고 나면 죄인을 잡아내서 윗도리 옷을 벗기고 얼굴에 회칠을 하고 화살로 두 귀를 꿰고 군중에 회실네를 시키고 그 다음에 북소리가 또 꽝 하고 나면 죄인의 상투를 풀어서 줄로 표미기에 매어달고 도수(刀手)들이 잘 드는 칼을 들고 전후 좌우로 둘러서고 그 다음에 북소리가 마지막 꽝 하고 나면 죄인의 목이 떨어진다.

1031) 초요기(招搖旗) : 전진(戰陣)에서나 행진할 때 대장이 장수를 부르고 지휘하고 호령하는 기(旗).

1032) 금고기(金鼓旗) : 군기(軍旗)의 하나. 취타수(吹打手)의 좌작진퇴(坐作進退)를 지휘하는 데 사용하는 것. 누른 운문대단(雲紋大緞)의 바탕에 가장자리와 화염(火焰)의 붉은 빛, 한가운데에는 '금고(金鼓)' 두 글자를 검은 빛으로 새겨 붙임. 기면(旗面)은 여섯 자 평방, 깃대 길이는 열두 자임. 영두(纓頭)・주락(珠絡)・장목이 있음.

1033) 오군(五軍) : 훈련도감・금위영・어영청・수어청・총융청의 총칭. 곧 오군문(五軍門)의 약칭.

1034) 내호(來呼) : 호위군(扈衛軍)의 군호(軍呼). 임금이 탄 대가(大駕)의 앞과 뒤에서 호종하는 군사들의 항오(行伍)를 고르게 하기 위하여 혹 앞서거나 혹 뒤서거나 할 때 '내호(來呼)'란 소리를 연발하며 "삼행(三行) 내호 삼행 분명히 가자"고 한다. 삼행은 세 줄로 행진하므로 세 줄을 고르게 따라오라는 군호(軍號)다.

1035) 가전(駕前) : 왕의 전구(前驅)를 하는 시위병(侍衛兵).

1036) 교룡기(蛟龍旗) : 임금이 거둥할 때 노부(鹵簿)에 독(纛) 다음에 서는 큰 기(旗). 임금이 친히 열병(閱兵)할 때 각 영(營)의 군대를 지휘하는 데 씀. 누른 바탕의 기면(旗面)에 용틀임과 구름을 채색으로 그리고, 그 가장자리에는 화염(火焰)을 상징하는 붉은 헝겊이 달려 있음. 깃대의 머리에는 세 갈래의 창날이 있고, 그 밑에 붉은 삭모(槊毛)가 달리었음. 구군복(具軍服)한 말 탄 장교가 잡고 4명의 군사가 깃대에 맨 줄을 한 가닥씩 잡아당기었음.

1037) 둑(纛) : 대가(大駕)나 군대의 행렬 앞에 세우는 대장기(大將旗). 큰 창에 소

鉞)1040)

은증자(銀鐠子)1041) 금증자며 은몽둥이 금몽둥이

각색 의장(儀仗) 벌여서니 선부(仙府)1042)의 복색일세

관약지음(管籥之音)1043) 난만하고 우모지미(羽毛之美)1044) 현란하다

호륵(豪勒)1045)한 어전전배(御前前排)1046) 자개창1047) 시위(施威)하고

모단전건(毛緞戰巾) 홍더그레 화약통1048) 남날개1049)며

오라1050) 사슬 칼에 걸고 행보(行步) 좋게 가는구나

의 꼬리를 달거나 또는 극(戟)에 삭모(槊毛)를 달아서 만듦. 행진할 때 왼쪽 비마(騑馬)의 머리에다 세우는데, 장교 한 사람이 이를 받들고, 그 뒤에 벌이줄을 두 줄로 늘여서 양편에 각각 한 사람 내지 두 사람의 보졸(步卒)이 잡고 감.

1038) 담에 : 다음에.

1039) 양산(陽繖) : 의장(儀仗)의 한 가지. 모양은 일산(日傘)과 비슷한데, 가로 넓은 헝겊을 둘러 꾸며서 아래로 늘어뜨림. 청양산・홍양산・황양산이 있다.

1040) 수정절월(水晶節鉞) : 수정으로 된 부절(符節)과 부월(斧鉞). 부절은 돌이나 대나무・옥 따위로 만든 부신(符信). 사신(使臣)이 가지고 다니는 것으로, 둘로 갈라 하나는 조정에 보관하고 하나는 본인이 가지고 신표(信標)로 사용하였음. 부월은 큰 도끼와 작은 도끼. 출정(出征)하는 대장이나 큰 임무를 띤 관리에게 왕이 정벌(征伐)과 중형(重刑)의 뜻으로 주는 것. 조선시대에는 관찰사・유수(留守)・병사(兵使)・수사(水使)・대장(大將)・통제사(統制使) 등이 부임할 때 주었음.

1041) 은증자(銀鐠子) : 증자는 전립(戰笠) 따위에 꼭지 모양으로 만든 꾸밈새. 품계에 따라 금・은・옥・석(石)의 구별이 있음.

1042) 선부(仙府) : 선인(仙人)이 있는 곳.

1043) 관약지음(管籥之音) : 관약은 피리 등속의 악기. 곧 관악기의 소리.

1044) 우모지미(羽毛之美) : 새의 깃털과 짐승의 털의 아름다움. 곧 새의 깃털과 짐승의 털로 장식한 의장(儀仗)과 기치(旗幟)의 아름다움을 말한다.

1045) 호륵(豪勒) : 위엄이 있어 무시무시하고 사나운 것.

1046) 어전전배(御前前排) : 앞의 주 991)을 보라.

1047) 자개창(槍) : ‘니’ 자 모양의 창.

1048) 화약통(火藥筩) : 화약을 담는 통.

1049) 남날개 : 사냥꾼이 가지고 다니는 화약이나 탄알을 넣는 그릇.

다홍대단 홍령기(紅令旗)는 곤장(棍杖) 주장(朱杖) 섞어 서고
금훤화(禁喧嘩)[1051] 대답 소리 보보(步步)이 영전(令傳)한다
어전등롱(御前燈籠) 홍사초롱(紅絲燭籠) 신전(信箭)[1052]이며 월도(月刀)로다
선전관(宣傳官)[1053] 별군직(別軍職)[1054]과 별운검(別雲劍)[1055] 총관(總管)[1056]들과
별감(別監) 무감(武監) 내시(內侍)와 무예청(武藝廳)[1057] 통장(統長)[1058]들과
협연초관(挾輦哨官)[1059] 창검초관(鎗劍哨官)[1060] 금훤낭청(禁喧郎廳) 내금장(內禁將)[1061]과

1050) 오라 : 도둑이나 중한 죄인의 손을 뒷짐지여 묶는 데 쓰는, 붉고 굵은 줄. 홍사(紅絲)라고도 한다.

1051) 금훤화(禁喧嘩) : 훤화를 금지하는 것. 훤화는 시끄럽게 떠드는 것.

1052) 신전(信箭) : 임금이 교외에 거둥할 때 선전관(宣傳官)을 시켜서 각 영(營)에 군령을 전하는 데 쓰는 화살. '信' 자를 쓴 패(牌)를 달았다.

1053) 선전관(宣傳官) : 앞의 주 164)를 보라.

1054) 별군직(別軍職) : 앞의 주 163)을 보라.

1055) 별운검(別雲劍) : 운검(雲劍)을 차고 임금의 좌우에 서서 호위하는 임시 벼슬. 큰 잔치나 회합이 있어 임금이 임어할 때 유능한 무장(武將)이나 믿는 사람을 골라 임명함. 운검은 큰 칼로, 칼집은 어피(魚皮)로 싸고 주홍색으로 칠하며 장식은 백은(白銀)을 쓴다.

1056) 총관(總管) : 오위도총부(五衛都總府) 정2품 관직인 도총관(都總管)과 종2품 관직인 부총관(副總管).

1057) 무예청(武藝廳) : 앞의 주 90)을 보라.

1058) 통장(統長) : 앞의 주 105)를 보라.

1059) 협연초관(挾輦哨官) : 훈련도감의 초관(哨官)으로 임금의 연(輦)을 호위하는 종9품 관직.

1060) 창검초관(鎗劍哨官) : 앞의 주 304)를 보라.

1061) 내금장(內禁將) : 용호영(龍虎營)의 당상관으로 금군(禁軍) 2백 명을 통솔하는 장관(將官).

내구마(內廐馬)[1062] 외구마(外廐馬)[1063]는 법안(法鞍)[1064] 지어 앞에 서고

경기감영(京畿監營)[1065] 세패(細牌)[1066]들은 홍천익(紅天翼)[1067] 공작우(孔雀羽)[1068]에

가는 소리 권마성(勸馬聲)[1069]이 맑고도 고울시고

숭례문(崇禮門) 밖 나오시니 계라차지(啓螺次知)[1070] 선전관(宣傳官)이

자주 걸어 기어 와서 취타[1071]를 청한 후에

1062) 내구마(內廐馬) : 내사복시(內司僕寺)에서 기르는 말. 내사복시는 궁궐 안에 따로 둔 사복시. 궁궐의 마구간과 임금이 타는 말, 수레 등을 관리함.

1063) 외구마(外廐馬) : 외사복시(外司僕寺)의 말. 외사복시는 따로 있는 것이 아니라, 내사복시를 의식하여 사복시를 지칭하는 말임.

1064) 법안(法鞍) : 법가(法駕)의 안장. 법가는 임금이 거둥할 때 타는 수레. 곧 임금의 수레를 끄는 말에 채우는 가죽으로 만든 안장. 특별한 장치를 하였다 한다.

1065) 경기감영(京畿監營) : 경기도의 부(府)・군(郡)・현(縣)을 통솔하는 관아. 돈의문(敦義門) 밖 현재의 서대문 바깥의 적십자병원 일대가 경기감영 자리였다. 그곳을 '감영 네거리'라 하였다. '서대문 네거리'라는 이름은 일본 사람들이 붙인 것이다.

1066) 세패(細牌) : 안올린벙거지를 쓰고 청홍색 옷을 입고 말을 타고 후방에서 배종(陪從)하는 역졸(驛卒).

1067) 홍천익(紅天翼) : 붉은 철릭. 철릭에 대해서는 앞의 주 241)를 보라. 붉은 철릭은 당하관이 입는다. 당상관은 남색(藍色) 철릭을 입는다.

1068) 공작우(孔雀羽) : 앞의 주 1006)을 보라.

1069) 권마성(勸馬聲) : 임금이 말이나 가교(駕轎)를 타고 거둥할 때, 또는 봉명관(奉命官)・수령(守令) 및 그들의 부인이 쌍교(雙轎)를 타고 행차할 때 위세를 더하기 위해 앞에서 하졸이 목청을 가늘고 길게 빼어 부르는 소리. 임금이 거둥할 때는 사복(司僕)의 하인들이, 그 밖의 경우에는 역졸(驛卒)들이 부름.

1070) 계라차지(啓螺次知) : 계라(啓螺)는 왕이 거둥할 때 부는 소라 껍질로 만든 악기. 또는 거둥 때 취타를 울리는 것. 계라차지는 이 음악을 담당하는 군악수(軍樂手)를 영솔하던 선전관(宣傳官).

1071) 취타(吹打) : 군대 안에서 나발・소라・대각・호적(胡笛) 등을 불고, 징・

겸내취(兼內吹)[1072] 패두(牌頭)[1073] 불러 취타령(吹打令) 내리오니
겸내취 거동 보소 초립(草笠) 위에 작우(雀羽)[1074] 꽂고
누런 천익(天翼) 남전대(藍纏帶)에 명금삼성(鳴金三聲)[1075]한 연후에
고동(鼓動)[1076]이 세 번 울며 군악(軍樂)이 일어나니
엄위(嚴威)한 나발이며 애원(哀怨)한 호적(胡笛)[1077]이라
정기(旌旗)[1078]는 표표(飄飄)[1079]하고 금고(金鼓)[1080]는 당당하다
한 가운데 취고수(吹鼓手)[1081]는 흰 한삼(汗衫)[1082] 두 북채를
일시에 수십 명이 행고(行鼓)[1083]를 같이 치니
듣기에도 좋거니와 보기에도 엄위(嚴威)하다

북・나(鑼)・바라를 치는 일. 또는 그 군악. 대취타와 소취타의 두 가지가 있는데, 주장(主將)이 좌기(坐起)할 때 군사를 조련할 때, 진영(鎭營)을 열고 닫을 때 침.

1072) 겸내취(兼內吹) : 궁중에서 군악을 아뢰는 악대(樂隊)의 이름. 선전관청(宣傳官廳)에 속하며 원내취(元內吹)・겸내취로 나뉨. 속칭 조라치(照羅赤).

1073) 패두(牌頭) : 패의 우두머리.

1074) 작우(雀羽) : 공작우. 앞의 주 1006)을 보라.

1075) 명금삼성(鳴金三聲) : 명금(鳴金)은 바라를 쳐서 울림. 바라를 마주 쳐서 세 번 울림.

1076) 고동(鼓動) : 고둥이라고도 한다. 소라 껍질로 만든 취악기(吹樂器).

1077) 호적(胡笛) : 날라리 또는 대평소(大平簫). 나무로 만든 관(管)에 구멍을 여덟 개 내고 하단에 깔때기와 같이 생긴 놋쇠를 대고 갈대로 만든 혀를 윗부리에 끼워 부는 악기.

1078) 정기(旌旗) : 정(旌)과 기(旗). 정(旌)은 깃대 끝에 장목을 새의 깃으로 꾸민 기(旗).

1079) 표표(飄飄) : 경쾌하게 나부끼는 모양.

1080) 금고(金鼓) : 군중(軍中)에서 호령으로 쓰는 징과 북.

1081) 취고수(吹鼓手) : 군대 안의 취타수(吹打手)와 세악수(細樂手)를 통틀어 일컫는 말. 또는 세악수의 별칭.

1082) 한삼 : 앞의 주 358)을 보라.

1083) 행고(行鼓) : 군대가 행진할 때 치던 북.

앞에는 공가교(空駕轎)[1084]요 뒤에는 타신 가교(駕轎)
무예청(武藝廳) 호위하고 그 밖에 별감(別監) 무감(武監)
모두 다 홍철릭에 공작우(孔雀羽) 꽂았으며
가교(駕轎)에 나옵시니 홍양산(紅陽繖)은 앞에 섰다
그 밖에 협연군(挾輦軍)[1085]이 자개창 뒤를 막고
그 밖에 나장(羅將)[1086]이는 주장(朱杖)[1087] 들고 시위하고
대령포교(待令捕校) 사오 명은 백의(白衣)로 수가(隨駕)[1088]하고
약방(藥房)[1089] 내각(內閣) 정원(政院) 옥당(玉堂) 군복(軍服) 하고 수가하고
위외(衛外)의 산반(散班)[1090]들은 천릭으로 배종(陪從)하고
후상(後廂)[1091]은 금위대장(禁衛大將) 삼천병마 총독(總督)하고
원앙진(鴛鴦陣) 행군하여 삼십팔면(三十八面) 대기치(大旗幟)에
난후취(攔後吹)[1092] 취타(吹打)하고 후진(後陣) 되어 가는구나

돌모루[1093] 지나 섰다 노량(露梁)[1094]을 당하였네

1084) 공가교(空駕轎) : 임금이 탄 정가교(正駕轎)보다 앞서 가는 빈 가교(駕轎). 말이 앞뒤에서 매고 감. 이것은 평상시에는 사용하지 않으며, 불안을 느꼈을 때나 시끄러운 곳을 거둥할 때 위장하기 위해 사용하는 것이다.
1085) 협연군(挾輦軍) : 훈련도감에 딸려 거둥 때 연(輦)을 호위하는 사람.
1086) 나장(羅將) : 앞의 주 239)를 보라.
1087) 주장(朱杖) : 앞의 주 995)를 보라.
1088) 수가(隨駕) : 대가(大駕)를 따름.
1089) 약방(藥房) : 앞의 주 394)를 보라.
1090) 산반(散班) : 실제로 맡아보는 직무가 없는 벼슬의 관원.
1091) 후상(後廂) : 거둥 때 후방을 호위하는 군대. 후군(後軍), 후상진(後廂陣), 후진(後陣)이라고도 한다.
1092) 난후취(攔後吹) : 난후군(攔後軍), 곧 후상군(後廂軍)이 되는 군대의 취타수(吹打手).

주교대장(舟橋大將) 결진(結陣)[1095]하고 강물을 굳게 막아
나는 새를 건넬소냐 행보(行步) 좋은 선전관(宣傳官)이
표신(標信)[1096]을 손에 쥐고 홍영기(紅令旗) 앞세우고
주교영(舟橋營)[1097] 들어가서 표신을 전한 후에
방포삼성(放砲三聲) 진문(陣門) 열고 대가(大駕)[1098]가 들으신다
명금(鳴金) 취타(吹打) 대진(大振)하니 어룡(魚龍)이 다 놀란다
언기고[1099] 신기전(神機箭)[1100]에 삼군(三軍)이 호령하니
풍운이 변화하고 용사(龍蛇)가 비등(飛騰)한다
규규(赳赳)[1101]한 무부(武夫)들은 공후(公侯) 간성(干城)[1102] 되었어라
군제(軍制)가 청숙(淸肅)하고 항오(行伍)가 정제(整齊)하다

하루 지나 이틀 지나 삼일만에 환궁(還宮)하사
별단(別單)[1103] 시상(施賞) 하신 후에 과거령(科擧令) 내리시니
알성(謁聖)[1104]의 용호방(龍虎榜)[1105]이 한데로 뫼신다네

1093) 돌모루 : 한강 인도교 북쪽에 있던 동네 이름. 1952년에 홍수로 백사장이 되었다. 한자로는 석우(石隅)라 쓴다.

1094) 노량(露粱) : 지금의 서울 노량진.

1095) 결진(結陣) : 진을 침.

1096) 표신(標信) : 궁중에 급변(急變)을 전할 때나 궁궐문의 개폐(開閉) 또는 궁궐문에 드나들 때 지니는 증표.

1097) 주교영(舟橋營) : 주교, 곧 배다리에 관한 일을 맡아보던 군영(軍營).

1098) 대가(大駕) : 임금이 타던 수레. 어가(御駕)라고도 한다.

1099) 언기고(偃旗鼓) : '언기식고(偃旗息鼓)' 기를 눕히고 북 치는 것을 그친다는 뜻.

1100) 신기전(神機箭) : 앞의 주 999)를 보라.

1101) 규규(赳赳) : 씩씩한 모양.

1102) 간성(干城) : 방패와 성. 곧 나라를 지키는 군인 혹은 군대.

1103) 별단(別單) : 상주(上奏)하는 문서에 첨부한 문서나 인명부(人名簿).

1104) 알성(謁聖) : 임금이 성균관 문묘(文廟)의 공자의 신위(神位)를 참배함. 보통

이때는 어느 땐고 춘삼월 호시절에

춘풍이 화려하고 만화방창(萬化方暢)1106) 하여서라

금천교(禁川橋)1107) 버들 빛은 벽라만사(碧羅萬絲)1108) 드리운 듯

옥류천(玉流泉)1109) 두견1110) 빛은 홍금천폭(紅錦千幅)1111) 가리온 듯

천자만록(千紫萬綠)1112) 방비(芳非)1113)하니 가지가지 봄빛일다

금성유색천문효(金城柳色千門曉)1114)요 옥동도화만수춘(玉洞桃花萬樹春)1115)을

운리제성쌍봉궐(雲裡帝城雙鳳闕)1116)에 우중춘수만인가(雨中春水萬人家)1117)를

춘당대(春塘臺)1118) 높은 언덕 영화당(暎花堂)1119) 너른 뜰에

알성을 하고 나면 과거를 보이고, 이것을 알성시(謁聖試)라고 하였다.

1105) 용호방(龍虎榜) : 조선조 때 문과(文科) 무과(武科)에 합격한 사람의 이름을 게시하는 나무판. 나중에는 종이를 썼음.

1106) 만화방창(萬化方暢) : 따뜻한 봄날 온갖 사물이 한창 자라남.

1107) 금천교(禁川橋) : 창덕궁(昌德宮)에 있는 다리의 이름.

1108) 벽라만사(碧羅萬絲) : 푸른 비단의 수많은 가닥. 곧 푸른 버들나무 가지를 형용한 말.

1109) 옥류천(玉流泉) : 앞의 주 43)을 보라.

1110) 두견(杜鵑) : 진달래.

1111) 홍금(紅錦) 천폭(千幅) : 붉은 비단 천 폭.

1112) 천자만록(千紫萬綠) : 가지가지의 붉고 푸른 빛깔.

1113) 방비(芳非) : 꽃이나 풀이 향기로움.

1114) 금성유색천문효(金城柳色千門曉) : 금성에 버들빛이 가득한데, 집집마다 새벽 기운이 어리었다.

1115) 옥동도화만수춘(玉洞桃花萬樹春) : 옥동에 복숭아 꽃이 피니, 나무마다 봄빛이 가득하다.

1116) 운리제성쌍봉궐(雲裡帝城雙鳳闕) : 구름 속에 잠긴 왕성(王城)에 두 대궐이 솟아 있다.

1117) 우중춘수만인가(雨中春水萬人家) : 비가 내리는 중 봄물이 집집마다 가득하네.

1118) 춘당대(春塘臺) : 앞의 주 42)를 보라.

배설방(排設房)[1120] 군사들과 어군막(御軍幕)[1121] 방직(房直)[1122]이가
삼층 보계판(補階板)[1123]을 광대(廣大)하게 널리 무고
십칠량(樑) 어차일(御遮日)[1124]을 반공(半空)에 높이 치고
흰 휘장 둘러치고 다홍공단(茶紅貢緞) 어군막(御軍幕)을
유둔(油芚)[1125] 밑에 받쳐 치고 오봉산(五峯山)[1126] 일월병풍(日月屛風)
용상(龍床)[1127] 위에 교의(交椅)[1128] 놓고 용문석(龍紋席)[1129] 어포진(御鋪陣)[1130]을
광하[1131]천간(廣廈千間) 널리 깔고 층층섬돌 어로(御路)에는
행보석(行步席)[1132] 늘어 펴고 뜰 아래 큰 북 놓고
북 위에 안탑(案榻)[1133] 무고 한편에는 향로(香爐) 놓고
색스러운 어사화(御賜花)[1134]며 보기 좋은 검은개(蓋)[1135]며

1119) 영화당(暎花堂) : 앞의 주 40)을 보라.
1120) 배설방(排設房) : 궁중에서 무슨 의식(儀式)이나 행사가 있을 때 배설(排設)하는 직임을 맡은 곳. 배설은 의식이 있을 때 그에 필요한 모든 기구를 벌여서 베풀어 놓는 것.
1121) 어군막(御軍幕) : 임금이 행차 도중 임시로 머무르던 군막.
1122) 방직(房直) : 관아의 장정의 하나로 수직(守直)하는 사람.
1123) 보계판(補階板) : 앞의 주 768)을 보라.
1124) 십칠량(十七樑) 어차일(御遮日) : 17개의 기둥을 세운 아주 큰 차일.
1125) 유둔(油芚) : 앞의 주 767)을 보라.
1126) 오봉산(五峯山) : 앞의 주 74)를 보라.
1127) 용상(龍床) : 왕이 앉는 자리.
1128) 교의(交椅) : 의자.
1129) 용문석(龍紋席) : 용의 무늬를 놓아 만든 돗자리.
1130) 어포진(御鋪陣) : 임금이 까는 요, 방석, 돗자리 따위의 범칭.
1131) 광하(廣廈) : 아주 넓고 큰 집.
1132) 행보석(行步席) : 땅에 까는 긴 돗자리로, 흔히 큰 일이나 신랑, 신부를 맞을 때 쓴다.
1133) 안탑(案榻) : 미상.
1134) 어사화(御賜花) : 임금이 문과·무과의 합격자에게 하사하는 종이로 만든 가

녹의홍상(綠衣紅裳) 무동(舞童)들은 쌍쌍이 늘어섰다

선비의 거동 보소 반물[1136] 들인 모시 청포(靑袍)[1137]

검은 띠 눌러 띠고 유건(儒巾)[1138]에 붓 주머니

적서복중(積書腹中)[1139] 하였으니 수면앙배(粹面盎背)[1140] 하는구나

기상이 청수(淸秀)하고 모양이 조촐하다

집춘문(集春門)[1141] 월근문(月覲門)[1142]과 통화문(通化門)[1143] 홍화문(弘化門)[1144]에

부문(赴門)[1145]을 하는구나 건장한 선접군(先接軍)[1146]이

짧은 도포(道袍)[1147] 제쳐 매고 우산에 공석(空席)[1148] 싸고

화(假花). 접시꽃을 모방하여 만들었으므로, 나이 든 부녀자들이 접시꽃을 '어숭화'라고 했다 한다.

1135) 검은개(蓋) : 의장(儀仗)의 하나로 사(紗)로 양산같이 꾸미었음. 색깔에 따라 청개(靑蓋)·홍개(紅蓋)·황개(黃蓋)·흑개(黑蓋) 등이 있음.

1136) 반물 : 검은 빛을 띤 짙은 남빛.

1137) 모시 청포(靑袍) : 모시로 만든 푸른 빛깔의 도포.

1138) 유건(儒巾) : 명나라에서 유래한 과거에 합격하지 않은 선비의 예관(禮冠). 검은 포(布)로 만든다. 민자건(民字巾)이라고도 한다.

1139) 적서복중(積書腹中) : 공부를 많이 하여 글이 뱃속에 가득 차 있음.

1140) 수면앙배(粹面盎背) : 수(粹)는 잡것이 섞이지 않음이요, 앙(盎)은 왕성한 모양이니, 면목이 청수(淸秀)하고 골격이 버젓한 것.

1141) 집춘문(集春門) : 창덕궁 동쪽에 있던 어영청의 분영(分營)인 집춘영(集春營)의 문.

1142) 월근문(月覲門) : 창경궁 홍화문(弘化門) 북쪽에 있던 문.

1143) 통화문(通化門) : 창경궁 담장의 작은 문. 이 바로 서쪽에 창덕궁의 건양문(建陽門)이 있다.

1144) 홍화문(弘化門) : 창경궁의 정문.

1145) 부문(赴門) : 과거장 안으로 들어가는 것.

1146) 선접군(先接軍) : 과거 때 먼저 시장(試場)에 들어가 좋은 자리를 차지하려는 과유(科儒)의 하례(下隷).

말뚝이며 말장이며 대로 만든 등(燈)을 들고
각색 글자 표를 하여 등을 보고 모여 섰다
밤중에 문을 여니 각색 등(燈)이 들어올 제
줄불이 펼쳤는 듯 새벽별이 흐르는 듯
기세는 백전(白戰)1149)일세 빠르기도 살 같도다
현제판(懸題板)1150) 밑 설포장(設布帳)1151)에 말뚝 박고 우산 치고
휘장 치고 등을 꽂고 수종군(隨從軍)1152)이 늘어서서
접(接)1153)마다 지키면서 엄포가 사나울사
그 외의 약한 선비 장원봉(壯元峯)1154) 기슭이며
궁장(宮墻)1155) 밑 생강 밭에 잠복1156) 치고 앉았으니
등불이 조요(照耀)1157)하니 사월팔일 모양일다

1147) 도포(道袍) : 유생(儒生)의 통상예복(通常禮服). 소매가 길고 넓으며 배후(背後)가 두 겹으로 된 웃옷.

1148) 공석(空席) : 아무 것도 담겨 있지 않은 빈 섬. 과거장에 들어가서 바닥에 깔고 앉는다.

1149) 백전(白戰) : 무기 없이 싸우는 것. 곧 문인들이 글재주를 겨루는 것으로 과거 시험을 말함.

1150) 현제판(懸題板) : 과거 시험 문제를 내걸던 판목(板木).

1151) 설포장(設布帳) : 베 또는 무명으로 만들어 집 밖에 치는 장막.

1152) 수종군(隨從軍) : 따라다니는 하인배.

1153) 접(接) : 과거에서 시험을 보기 위해 모인 팀. 과거는 원래 개인이 응시하는 것이나, 조선후기에 와서 과거가 문란해지면서 여러 사람이 모여 답안지를 작성했다. 이것을 접이라 한다. 물론 접은 글방에서 공부할 때의 한 팀을 부르는 이름이기도 하고, 기타 단체에서도 한 팀을 이루기만 하면 접이라 부른다. 예컨대 보부상(褓負商) 단체에서도 접이란 말을 사용한다. 접의 우두머리를 접장(接長)이라 한다.

1154) 장원봉(壯元峯) : 춘당대 맞은편 언덕. 과거 볼 때에 지방에서 뽑혀온 선비들이 여기에 모여 앉는다.

1155) 궁장(宮墻) : 궁궐의 담장.

1156) 잠복 : 앞의 주 365)를 보라.

동동일출대명궁(瞳瞳日出大明宮)1158)하니 오색운중가육룡(五色雲中駕六龍)1159)을

창검군(鎗劍軍)1160) 앞을 서고 선진(先陣)1161)이 늘어섰다

총관(總管)1162) 각신(閣臣)1163) 모든 백관 걸어서 배종(陪從)한다

의장(儀仗)이 앞을 서고 양산(陽繖)1164)이며 교룡기(蛟龍旗)1165)며

병조판서 금훤1166)낭청(禁喧郎廳) 오위장(五衛將)1167) 우림장(羽林將)1168)과

가전(駕前)의 시위(侍衛)소리1169) 길고도 늘어진다

장악원(掌樂院) 일등악생(一等樂生) 다홍관대(茶紅冠帶) 야자대(也字帶)1170)에

1157) 조요(照耀) : 환히 비침.

1158) 동동일출대명궁(瞳瞳日出大明宮) : "둥둥 밝은 해가 대명궁에 떠오르니" 대명궁은 태양의 다른 이름. 곧 태양의 궁전을 뜻하는 듯.

1159) 오색운중가육룡(五色雲中駕六龍) : 오색 구름 속에 여섯 마리 용이 끎.

1160) 창검군(鎗劍軍) : 창(鎗)과 검(劍)을 쓰는 군사.

1161) 선진(先陣) : 앞머리에 서서 가는 군진(軍陣).

1162) 총관(總管) : 앞의 주 1056)을 보라.

1163) 각신(閣臣) : 앞의 주 160)을 보라.

1164) 양산(陽繖) : 앞의 주 1039)를 보라.

1165) 교룡기(蛟龍旗) : 앞의 주 1036)을 보라.

1166) 금훤(禁喧) : 앞의 주 1051)을 보라.

1167) 오위장(五衛將) : 앞의 주 169)를 보라.

1168) 우림장(羽林將) : 우림위장(羽林衛將)으로, 금군청(禁軍廳)에 소속된 정3품의 무관직.

1169) 시위(侍衛)소리 : 임금이나 왕비의 행차 때 시위하느라고 길라잡이들이 '시위, 시위' 하고 부르는 소리. 혼행(婚行) 시에 신랑 신부가 가마를 타고 가는 때에도 하였다.

1170) 야자대(也字帶) : 관대(冠帶) 모양이 '也' 자 모양으로 생긴 띠. 문무과의 성적이 우수한 사람이 띠는 띠인데, 한 편이 늘어진 것이 '也' 자 모양임.

선악(仙樂)을 길게 내니 여민동락(與民同樂)1171) 화할시고
옥교(玉轎)1172)로 오오실 제 양산이 해를 가려
비슥이 받으시고 뒤에는 현무선(玄武扇)1173)을
충의(忠毅)1174)가 들었으며 키 큰 봉두별감(鳳頭別監)1175)
갖은 시위 경필(警蹕)1176)소리 갸륵하고 엄위(嚴威)하다
협연시위(挾輦侍衛)1177) 무예청(武藝廳)은 고개 숙여 하는 소리
듣기에도 청숙(淸肅)하고 보기에도 경존(敬尊)하다
청양문(靑陽門) 나아실 제 대답소리 웅장하다
관풍각(觀豊閣)1178) 지나시고 관덕정(觀德亭)1179) 지나셔서

1171) 여민동락 : 앞의 주 346) '여민락'을 보라.

1172) 옥교(玉轎) : 임금이 타는 교자(轎子).

1173) 현무선(玄武扇) : 북방의 별인 현무(玄武)에 대응하여 만든 의장(儀仗)의 하나. 거북을 그린 것.

1174) 충의(忠毅) : 충의교위(忠毅校尉). 정5품의 무관직.

1175) 봉두별감(鳳頭別監) : 봉도별감(奉導別監). 대가(大駕)가 나갈 때 대가 앞에서 봉도(奉導) 소리를 하는 별감. 봉도소리를 하는 방식은 다음과 같다. "도가(導駕) 떴다. 황토(黃土) 펴라. 물 뿌려라." "예-의-" 순령수(巡令手)—"예-의-" "좌우(左右) 훤화(喧譁) 금해라." "예-의-" 순령수—"예-의-" "명금이하(鳴金二下)에 대취타(大吹打) 해라." "예-의-" 쾡쾡, "고개 척척 숙여라." 이와 같이 좋은 목소리로 고저장단(高低長短)을 맞춰서 처음부터 또는 큰 다리나 네거리를 당할 때에 외는데 이것을 봉도성(奉導聲)이라 한다. 송신용의 주해에 의하면, 이상은 서은(西隱) 장선생(張先生)이 전한 것이다.

1176) 경필(警蹕) : 임금이 거둥할 때 길가는 사람의 통행을 경계하고 금하던 일. 다음은 송신용에서 인용한 것. "즉 출경입필(出警入蹕)이니 출군자(出軍者)는 모두 경계(警戒)하고 입국자(入國者)는 모두 필지(蹕止)한다. 경(警)은 왕의 좌우에서 유악(帷幄)을 시(侍)하고 필(蹕)은 출전칙전필지행인(出殿則傳蹕止行人)하여 청도(淸道)하는 것이다."

1177) 협연시위(挾輦侍衛) : 연(輦)을 모시고 시위함.

1178) 관풍각(觀豊閣) : 춘당대 남쪽에 있는 건물. 앞에 논이 있어 임금이 친히 나와서 농사짓는 것을 구경하고 해마다 농사지은 것을 수확하면 근신(近臣)들에게

보탑(寶榻)1180)에 전좌(殿座)1181)하사 군병방위(軍兵方位) 정한 후에

어악(御樂)이 일어나며 모대(帽帶)1182)한 환시(宦侍)1183)네가
어제(御製)를 고이 들고 현제판(懸題板) 임하여서
홍마삭(紅痲索)1184) 끈을 매어 일시에 올려 다니
만장중(滿場中) 선비들이 붓을 들고 달아난다
각각 제 접(接) 찾아가서 책행담(冊行擔)1185) 열어놓고
해제(解題)를 생각하여 풍우(風雨)같이 지어내니
글 하는 거벽(巨擘)1186)들은 귀귀(句句)이 읊어내고
글씨 쓰는 사수(寫手)1187)들은 시각을 못머문다

나누어 주다.

1179) 관덕정(觀德亭) : 춘당대 동북쪽에 있으며, 곧 사정(射亭)이다.

1180) 보탑(寶榻) : 옥좌(玉座).

1181) 전좌(殿座) : 임금이 친정(親政)·조하(朝賀) 때 정전(正殿)의 옥좌에 나와 앉음. 또는 그 자리.

1182) 모대(帽帶) : 사모와 각띠. 혹은 사모 쓰고 관디를 입음.

1183) 환시(宦侍) : 내시(內侍). 환관.

1184) 홍마삭(紅痲索) : 붉은 색으로 꼬아 만든 새끼.

1185) 책행담(冊行擔) : 책을 넣은 행담. 행담은 여행하는 사람이 가지고 다니는 작은 상자. 싸리 또는 버들로 만듦. 과거 시험장에는 원래 책을 가지고 들어가지 못하게 되어 있었지만, 조선후기에 와서 과거제도가 허물어지면서 누구나 책을 가지고 들어갔고, 또 미리 답안지를 여럿 작성해 들어갔다가 비슷한 문제가 나오면 옮겨 써서 제출하기도 하였다.

1186) 거벽(巨擘) : 원래의 뜻은 엄지손가락. 엄지손가락이 다른 손가락보다 큰 것처럼 인물이 남보다 뛰어난 사람을 말한다. 하지만 여기서는 과거장에서 남의 답안지를 전문적으로 대신 작성해 주는 사람을 말한다. 돈과 권세가 있는 사람들은 거벽을 데리고 들어가 대신 답안지를 작성하게 하였다.

1187) 사수(寫手) : 과거에서 답안지의 글씨를 전문적으로 써 주는 사람을 말한다. 즉 거벽이 답안지의 내용을 입으로 부르면, 사수는 그것을 보기 좋은 글씨로 써준다. 이 역시 불법이지만, 돈과 권세가 있는 사람들은 과거장에 사수를 데리고

글 글씨 없는 선비 수종군(隨從軍) 모양으로
공석(空席)에도 못 앉고도 글 한 장 애걸한다
부모 선생 권학(勸學)할 제 이런 토심(吐心) 모르던가

경각에 선장(先場)[1188] 들어 위장군(衛將軍)[1189] 외는구나
한 장 들고 두 장 들어 차차로 들어간다
백장이 넘어서는 일시에 들어오니
신기전(神機箭) 모양이요 백설(白雪)이 분분(紛紛)하다
수권(收卷)[1190] 수 몇 장인고 언덕 같고 뫼 같구나
사알(司謁)[1191] 사약(司鑰)[1192] 무감(武監) 별감(別監) 정원사령(政院使令) 위장군이
열 장씩 작축[1193]하여 전자관(塡字官)[1194] 전자(塡字)하고
주문명관(主文命官)[1195] 시관(試官) 앞에 수없이 갖다 놓네
차례로 꿇을[1196] 적에 비점(批點)[1197] 치고 관별(貫別)[1198]한다

들어가서 대신 글씨를 쓰게 하였다.

1188) 선장(先場) : 과거 때 문과 장중(場中)에서 가장 먼저 답안지를 바치는 것. 또는 그 순간.

1189) 위장군(衛將軍) : 승정원 하례(下隷)의 하나.

1190) 수권(收卷) : 과거 때 시험 답안지를 거두는 것.

1191) 사알(司謁) : 액정서(掖庭署)의 정6품 잡직(雜職).

1192) 사약(司鑰) : 위와 같음.

1193) 작축(作軸) : 시험 답안지를 모아 축(軸)을 만드는 것. 1백 장 씩 한 묶음으로 묶는 것을 말한다.

1194) 전자관(塡字官) : 과거 답안지가 제출되면 1백 장씩 묶어 한 축을 만들고 거기에 『천자문』의 글자 순서대로 글씨를 써 넣는데, 이것을 맡은 이조(吏曹)의 당상관을 말한다.

1195) 주문명관(主文命官) : 주문(主文)은 과거 시험을 주재하는 시관(試官). 곧 대제학(大提學)을 말한다.

그 외의 낙고지(落考紙)1199)는 짐짐이 져서 낸다
학고(學考)1200)에 오른 글장 먹으로 등(等)1201)을 쓰네
글씨는 명필이요 지은 글은 문장이라
이두(李杜)1202)의 글 이런가 희지(羲之)1203)의 글씨런가
이 같이 공부할 제 장원(壯元)이 못될소냐

과거를 다 본 후에 선비의 거동 보소
우산 접어 둘러매고 공석 싸서 옆에 끼고
장원봉 언덕 위에 잠복이 모여 서서
방(榜) 나기 기다릴 제 보계판(補階板)을 바라보니
시관(試官)들과 육방승지(六房承旨) 어전(御前)에서 탁방(坼榜)1204)한다
설포장(設布帳) 지우고서 정원사령(政院使令) 불러내어
성명 삼자 써서 주니 정원사령 거동 보소
잔주름1205) 방패(防牌)철릭1206) 통양갓1207) 젖혀 쓰고

1196) 꼲을 : '꼲다' 곧 잘 되고 못되고를 살피어 점수를 매기는 것을 말한다.
1197) 비점(批點) : 시문(詩文)의 잘 된 곳 오른 쪽에 찍는 둥근 점.
1198) 관별(貫別) : 관주(貫珠)를 쳐서 구별함. 관주는 글을 평가할 때 잘 된 곳에 치는 동그라미.
1199) 낙고지(落考紙) : 학고(學考)에 들지 못하여 낙고(落考)된 답안지.
1200) 학고(學考) : 고시(考試).
1201) 등(等) : 등수(等數). 과거 답안의 등수는 상지상(上之上) 상지중 상지하, 중지상(中之上) 중지중 중지하 하지상(下之上) 하지중 하지하로 매겼고, 또는 통(通) 약(略) 불(不)을 쓰기도 하였다.
1202) 이두(李杜) : 이백(李白)과 두보(杜甫). 당대(唐代)의 가장 유명한 시인.
1203) 희지(羲之) : 진(晉)나라의 명필 왕희지(王羲之).
1204) 탁방(坼榜) : 과거에 합격한 사람의 이름을 내 거는 것. 또는 일의 결말이 났을 때 탁방났다고 한다.
1205) 잔주름 : 잔주름.

달음박질 내려올 제 만장중(滿場中) 선비 마음
심독희(心獨喜)1208) 자부(自負)하여 가만히 듣는구나
여럿이 묶어 질러 성명삼자 호명(呼名)한다
적덕(積德)한 뉘 집 자손 글 용한 어느 선비
십년 등하(燈下) 죽을 공부 금일 등과(登科)하였는고
바삐 불러 올라갈 제 망건을 고쳐 쓰고
도포를 갈아입고 여기 있다 소리 하니
수십 명 원령(院令)1209)들이 일시에 달려들어
부액(扶腋)1210)하고 올라가니 어약용문(魚躍龍門)1211) 되었구나

등과(登科)한 신은(新恩)1212)들을 차차로 불러올려
어전(御前)에 예방승지(禮房承旨)1213) 진퇴(進退)를 시키고서
사온1214)삼배(賜醞三杯) 하신 후에 얼굴에 희묵(戲墨)1215)하고
몸에는 홍삼(紅衫)1216)이오, 머리에는 어사화(御賜花)라

1206) 방패철릭 : 미상.

1207) 통양갓 : 경상남도 통영(統營)에서 나는 갓이 품질이 가장 좋았으므로 좋은 갓을 흔히 통양갓이라 한다.

1208) 심독희(心獨喜) : 마음 속으로 홀로 기뻐함.

1209) 원령(院令) : 정원사령(政院使令).

1210) 부액(扶腋) : 좌우에서 겨드랑이를 껴서 걸음을 도와주는 일. 부축.

1211) 어약용문(魚躍龍門) : 앞의 주 630)을 보라.

1212) 신은(新恩) : 새로 과거에 합격한 사람. 신래(新來).

1213) 예방승지(禮房承旨) : 승정원 육방(六房)의 하나. 승정원 육방 중 예방승지가 과거에 관한 사무를 담당한다. 곧 "진퇴를 시키고서"란 말은, 예방승지가 과거에 합격한 신은들을 나오게 하고 물러가게 하는 등의 절차를 담당한다는 뜻이다.

1214) 사온(賜醞) : 임금이 과거 합격자에게 술을 하사하는 것.

1215) 희묵(戲墨) : 과거에 합격한 사람의 얼굴에 장난으로 먹칠을 하는 것.

1216) 홍삼(紅衫) : 조복(朝服)에 딸린 웃옷의 한 가지. 붉은 빛깔의 바탕에 검은 선

좌우의 백관들이 금관(金冠)[1217]에 금잠(金簪)[1218] 꽂고

홍항라(紅亢羅)[1219] 고운 조복(朝服)[1220] 금환후수(金環後綬)[1221] 달았으며

양 옆에 패옥(佩玉)[1222]소리 걸음마다 쟁쟁(錚錚)하다

시위군병(侍衛軍兵) 갑주(甲冑)[1223] 하고 춘당대(春塘臺) 너른 뜰에

득인진하(得人陳賀)[1224] 되는구나 통례원(通禮院) 인의(引儀)[1225]들이

산호(山呼)[1226]를 높이 하니 천세천세(千歲千歲) 천천세(千千歲)라

구경도 장할시고 문물도 거룩하다

장원랑(壯元郎) 개(蓋)[1227]를 주고 그남은 신은(新恩)들은

사복마(司僕馬) 좋은 말에 무동(舞童) 주어 내보내니

을 두름.

1217) 금관(金冠) : 문무관이 조복(朝服), 곧 예복(禮服)을 입을 때에 쓰는 관(冠). 징두리의 앞이마 위의 양(梁)만 검은 빛으로 하고 그 밖은 모두 금빛으로 한다. 금량관(金梁冠).

1218) 금잠(金簪) : 금비녀.

1219) 홍항라(紅亢羅) : 붉은 항라. 항라는 명주실, 모시실, 무명실로 씨를 세 올이나 다섯 올씩 걸러서 구멍이 송송 뚫어지게 짠 것. 여름 옷감으로 쓰인다.

1220) 조복(朝服) : 관리가 조하(朝賀) 때 입는 붉은 예복.

1221) 금환후수(金環後綬) : 조복을 입을 때 뒤로 늘이는 술. 홍색 바탕에 구름이나 학(鶴)의 수를 놓고 금환(金環) 또는 은환(銀環)을 단다.

1222) 패옥(佩玉) : 금관조복(金冠朝服) 또는 제복(祭服)·공복(公服)의 좌우에 늘이어 차는 옥. 흰 옥을 서로 엮어 엷은 사(紗)로 주머니를 만들어 그 속에 넣어 차는 것. 1품에서 3품은 번청옥(燔青玉), 4품에서 9품은 번백옥(燔白玉)으로 함.

1223) 갑주(甲冑) : 갑옷, 투구.

1224) 진하(陳賀) : 나라에 경사가 있을 때 백관(百官)이 축하하는 것.

1225) 인의(引儀) : 통례원(通禮院)의 종6품 관직.

1226) 산호(山呼) : '산호만세(山呼萬歲)'의 준말. 나라의 큰 의식에 임금의 축수(祝壽)를 표하기 위해 신하들이 두 손을 치켜들고 부르는 만세.

1227) 개(蓋) : 앞의 주 1135)를 보라.

궐문 밖 나올 적에 기구(器具)도 장하도다

아침에 선비더니 저녁에 선달(先達)[1228]이라

화류춘풍(花柳春風) 대도상(大道上)에 세마치[1229] 길군악[1230]에

무동은 춤을 추고 벽제(辟除)[1231]소리 웅장하다

춘풍득의마제질(春風得意馬蹄疾)[1232]하니 탐화랑(探花郎)[1233]이 되었어라

남녀노소 관광(觀光)하고 누가 아니 칭찬하리

세상 선비 들어 보소 음수독서(飮水讀書)[1234] 어려마소[1235]

정성소도금석투(精誠所到金石透)[1236]는 옛말이 그를손가

수문수득(隨聞隨得)[1237] 면강(勉强)[1238]하며 성경현전(聖經賢傳) 수심(修心)하여

1228) 선달(先達) : 후진(後進)의 대(對)인 선진(先進)이란 뜻. 문과와 무과에 합격하고 아직 벼슬에 나아가지 아니한 사람을 일컬음.

1229) 세마치 : 대장간에서 쇠를 불릴 때 세 사람이 돌려가며 치는 큰 망치. 여기서는 세마치를 치듯 장단을 맞추는 것. 곧 세마치장단을 말한다.

1230) 길군악(軍樂) : 임금이 탄 수레가 출동할 때나 군진(軍陣)에서 취타의 다음에 연주하던 곡조.

1231) 벽제(辟除) : 앞의 주 187)을 보라.

1232) 춘풍득의마제질(春風得意馬蹄疾) : 봄바람이 불어 흡족하여 말을 빨리 달림.

1233) 탐화랑(探花郎) : 과거 갑과(甲科)의 삼등으로 합격한 사람. 과거 합격자를 발표할 때 어전(御前)에서 모화(帽花)를 한 가지씩 나누어 머리에 꽂아줌. '담화랑(擔花郎)'이라고도 함.

1234) 음수독서(飮水讀書) : 나물 먹고 물을 마시는 가난한 생활에도 독서에 힘쓰는 것. 공자가 "거친 밥을 먹고 물을 마시며 팔베개를 하고 잔다 해도 즐거움이 그 가운데 있다"고 한 데서 유래한 말.

1235) 어려마소 : 어려워마소.

1236) 정성소도금석투(精誠所到金石透) : 정성이 지극하면 쇠와 돌도 뚫는다는 말.

1237) 수문수덕(隨聞隨得) : 수시로 모르는 것을 물어 아는 것.

1238) 면강(勉强) : 애써 노력함.

충군효친(忠君孝親) 근본 삼고 제세안민(濟世安民) 하게 하소

반룡부봉(攀龍附鳳)[1239] 현달(顯達)하여 입신양명 하게 하소
예악법도 이러하니 거룩할사 한양일다
어화 벗님네야 한양 구경 가자서라

한양은 어드멘고 우리나라 국도(國都)로세
하우씨(夏禹氏)[1240] 도산도수(導山導水)[1241] 시획구주(始劃九州)[1242] 하였으니
제요(帝堯) 제순(帝舜) 도읍터는 평양(平陽)[1243] 포판(蒲坂)[1244] 그 아니며
문왕(文王) 무왕(武王) 도읍터는 기산(岐山)[1245] 풍호(豊鎬)[1246] 그 아닌가
동서한(東西漢)에 내려와서 낙양(洛陽)[1247] 장안(長安)[1248] 동서경(東西京)은

1239) 반룡부봉(攀龍附鳳) : 용을 잡고 올라가듯, 봉황을 붙들고 날아가듯 훌륭한 임금을 섬겨서 공명을 세움.
1240) 하우씨(夏禹氏) : 하(夏)나라를 처음 세운 우(禹)임금.
1241) 도산도수(導山導水) : 산을 다스리고 물을 다스림. 곧 우임금의 치수(治水)를 말한다.
1242) 시획구주(始劃九州) : 옛날 중국 땅을 처음 나눌 때 9개의 고을로 나누었다는 말.
1243) 평양(平陽) : 요임금의 도읍지.
1244) 포판(蒲坂) : 순임금의 도읍지.
1245) 기산(岐山) : 문왕이 나라의 기틀을 닦은 곳.
1246) 풍호(豊鎬) : 주(周)나라의 도읍지.
1247) 낙양(洛陽) : 후한(前漢), 곧 동한(東漢)의 도읍지.
1248) 장안(長安) : 전한(前漢), 곧 서한(西漢)의 도읍지.

고조(高祖)[1249]의 창업이요, 광무(光武)[1250]의 중흥이라

강남(江南) 금릉(金陵) 번화지지(繁華之地) 당송(唐宋) 국도(國都) 되었어라

역대 제왕 전수(傳授)하니 중국의 땅이로다

생어동방(生於東方)[1251] 하였으니 동국(東國)이나 알리로다

강우태백단목(降于太白檀木)[1252]하여 여요병립(與堯竝立)[1253] 단군(檀君)이며

봉기자우조선(封箕子于朝鮮)[1254]하여 각일천년(各一千年) 평양(平壤)이라

삼한(三韓)[1255] 적은 그만두고 아국도성(我國都城) 여기로다

대명(大明) 홍무(洪武) 임신년(壬申年)에 사개국호(賜改國號) 조선(朝鮮)하사

정정[1256]한양(定鼎漢陽) 하였으니 중희누흡(衆熙累洽)[1257] 하였어라

금척(金尺)[1258]의 길몽이요 옥첩(玉牒)[1259]의 상서(祥瑞)로다

1249) 고조(高祖) : 한(漢)나라를 세운 유방(劉邦).

1250) 광무(光武) : 후한을 세운 유수(劉秀).

1251) 생어동방(生於東方) : 동방에서 태어남.

1252) 강우태백단목(降于太白檀木) : 환웅(桓雄)이 무리 3천 명을 거느리고 태백산 신단수(神檀樹) 아래에 내려와 신시(神市)를 열고 인간 세상을 다스렸다고 함. 『삼국유사(三國遺事)』에 나옴.

1253) 여요병립(與堯竝立) : 단군이 아사달(阿斯達)에 도읍을 정하고 나라를 세워 조선(朝鮮)이라 불렀는데, 이때가 요(堯)임금과 같은 때였다고 한다. 『삼국유사』에 나옴.

1254) 봉기자우조선(封箕子于朝鮮) : 기자(箕子)를 조선에 봉함.

1255) 삼한(三韓) : 마한(馬韓), 진한(辰韓), 변한(弁韓).

1256) 정정(定鼎) : 도읍을 정함. 정(鼎)이 있는 곳은 왕이 있는 곳이라고 하여 천하를 얻어 도읍을 정하는 것을 정정(定鼎)이라 한다.

1257) 중희누흡(衆熙累洽) : 매우 기쁘고 흡족함.

오만사년(於萬斯年) 누릴 도읍 한양성중(漢陽城中) 거룩하다
산천누대 성곽지당 위 글에 하였으니
다시 할 말 아니로되 예의동방(禮義東方) 장할시고
원생고려(願生高麗)[1260] 한단 말은 중원(中原)사람 말이로세
추차언이관지(推此言而觀之)[1261]하면 제일강산 가지(可知)로다
산악수기(山嶽秀氣) 받아 나니 충효인물(忠孝人物) 총총[1262]하다
범절이 이러하니 천하제국(天下諸國) 제일일세
천시지리(天時地利) 얻었으며 인화(人和)조차 되었어라
현송지음(絃誦之音)[1263] 부절(不絶)하니 수사지풍(洙泗之風)[1264] 분명하고
인의지도(仁義之道) 찬연(燦然)하니 성현지국(聖賢之國) 되었어라
삼왕(三王)[1265]적 일월(日月)이요 오제(五帝)[1266]적 건곤(乾坤)[1267]이며

1258) 금척(金尺) : 몽금척(夢金尺)이니 태조 이성계가 왕위에 오르기 전에 꿈에 금척(金尺)을 얻고 왕이 될 전조(前兆)임을 알았다고 한다.

1259) 옥첩(玉牒) : 제왕(帝王)이 봉선례(封禪禮)를 행할 때 쓰는 고천문(告天文).『사기(史記)』 무제기(武帝記)에 의하면, "천자가 태산에 봉선(封禪)할 때 너비 2척(尺), 높이 9척의 단을 만들고 여기에다 옥첩서(玉牒書)를 간직했다"고 한다.

1260) 원생고려(願生高麗) : 고려에 태어나기를 원함.

1261) 추차언이관지(推此言而觀之) : 이 말을 미루어 본다면.

1262) 총총(蔥蔥) : 수목(樹木)의 무성함.

1263) 현송지음(絃誦之音) : 금(琴)을 연주하고 시를 읊는 소리. 곧 태평성대를 의미한다.

1264) 수사지풍(洙泗之風) : 수(洙)와 사(泗)는 산동성에 있는 강물의 이름. 공자가 이곳에서 시서예악(詩書禮樂)을 가르쳤으므로 곧 학문을 닦는 기풍을 말한다.

1265) 삼왕(三王) : 삼황(三皇)을 말함. 흔히 천황씨(天皇氏), 지황씨(地皇氏), 인황씨(人皇氏)를 말한다.

1266) 오제(五帝) : 여러 설이 있으나 대개 복희(伏羲), 신농(神農), 황제(黃帝), 소호(小昊), 전욱(顓頊)을 든다.

1267) 건곤(乾坤) : 하늘과 땅. 곧 천지.

문무(文武)적 문명(文明)이오 한당(漢唐)적 문치(文治)로다
포판(蒲坂)이 아니되면 기산(岐山)이 여기로세
북악(北岳)[1268]에 기린[1269] 놀고 종남(終南)[1270]에 봉황 운다
경성(景星)[1271]은 명요(明瞭)하고 경운(慶雲)[1272]은 삼담[1273]하다
태고시절(太古時節) 못보거든 우리 세계 자세 보소
이런 국도(國都) 이런 세상 자고급금(自古及今) 또 있으랴
엎드려 비나이다 북극전(北極殿)에 비나이다
우리나라 우리 인군(人君) 본지[1274]백세무강휴(本枝百世無疆休)를
여천지(與天地)로 해로(偕老)[1275]하게 비나이다 비나이다

세재갑진계춘한산거사 저 歲在甲辰季春漢山居士 著

1268) 북악(北岳) : 서울의 청와대 뒤로 보이는 낮은 산. 백악(白岳)이라고도 한다.
1269) 기린(麒麟) : 상상의 동물. 성인(聖人)이 나와 세상을 다스리면 나타난다고 하는 동물이다. 서울의 북악 아래 도성과 궁궐이 있으므로 곧 성인과 같은 임금이 다스리는 세상이라는 말이다.
1270) 종남(終南) : 서울의 남산.
1271) 경성(景星) : 상서로운 조짐을 보이는 별. 그 모양이 일정하지 않으나 늘 도(道)가 있는 나라에 나타난다고 한다.
1272) 경운(慶雲) : 상서로운 구름. 태평성대에 나타난다고 한다. 경운(景雲)이라고도 한다.
1273) 삼담 : 눈에 확실히 떠오름.
1274) 본지(本枝) : 본손과 지손.
1275) 여천지(與天地)로 해로(偕老) : 천지와 함께 해로함.

제3장 원문

한양가

쳔ᄀᆡ 지벽ᄒᆞ니 일월이 싱겨셔라
셩신이 광휘ᄒᆞ니 오힝이 되여셔라
쵸목곤츙 싱겨날 졔 인물이 번셩ᄒᆞ다
오악이 용발ᄒᆞ고 ᄉᆞ독이 광활ᄒᆞᆫᄃᆡ
곤륜산 일지ᄆᆡᆨ이 동히로 드러올 졔
힝룡은 긔만리며 구뷔ᄂᆞᆫ 몃 구뷘고
빅두산 긔봉ᄒᆞ여 함경도 너머셔셔
강원도 ᄂᆡ다라셔 경긔로 도라들 졔
북극을 바쳣ᄂᆞᆫ 닷 부용을 ᄣᅡ가ᄂᆞᆫ 닷
도봉의 머물너셔 층층이 오ᄂᆞᆫ 긔셰
군션이 모야ᄂᆞᆫ 닷 아홀이 버러ᄂᆞᆫ 닷
삼각산 일더셜 졔 쳔년을 경영인가
만년을 경영인가 호거룡반 긔이ᄒᆞ다
북악이 입수되고 죵남산 안산일다
쳥룡은 타락뫼요 빅호ᄂᆞᆫ 길마지라
강원도 금강산은 외쳥룡 도여 잇고

황ᄒᆡ도 구월산은 외ᄇᆡᆨ호 도여 잇고
졔쥬의 한나산은 외안이 도여 잇고
젹셩의 감악산은 후장이 되여 잇고
두미 월계 나린 물이 룡산 숨ᄀᆡ 한강 되고
그 물줄기 나리 흘너 오두직 합금ᄒᆞ여
강화의 마리산이 도수구 도여셰라
하눌이 ᄂᆡ신 왕도 ᄒᆡ동의 웃듬이라
국호ᄂᆞᆫ 죠션이오 도읍은 한양일다
단군의 구쇽이오 긔ᄌᆞ의 유풍이라
의관도 화려ᄒᆞ고 문물도 거륵ᄒᆞ다
여념은 억만가요 셩쳡은 ᄉᆞ십니라
동편은 둉묘 되고 셔편은 ᄉᆞ직일다
경복궁 창덕궁과 창경궁 큰 뎐각이
반공의 쇼ᄉᆞ스니 만호쳔문 깁플셔라
인뎡뎐 근뎡뎐은 치민ᄒᆞᄂᆞᆫ 뎡뎐이오
희뎡당 ᄃᆡ됴뎐은 지밀쳐쇼 도여셔라
영화당 셕거각은 츈당ᄃᆡ 임ᄒᆞ엿고
옥류쳔 깁픈 고즌 별유쳔지 되여셰라
쥬ᄂᆞ라 령ᄃᆡ 령쇼 못 보와도 녀긔로다
금원의 긔화이쵸 구중의 봄 느졋다
ᄇᆡᆨ죠ᄂᆞᆫ 학학ᄒᆞ고 우록은 유복이라
어슈당 말근 연못 오인어약 ᄒᆞᄂᆞᆫ구나
란뎐봉누 쳡쳡ᄒᆞ고 학관인각 층층ᄒᆞ다
아로ᄉᆡᆨ인 들보들과 푸른 부연 불근 기동
츈쳡시를 부쳐스니 그 글의 ᄒᆞ여스되

티평티평 우티평의 여시여시 부여시라
셜미살창 식인 문과 좁고좁은 세술분합
벽방 금뎐 영롱ᄒᆞ고 쥬란 슈렴 번화ᄒᆞ다
금천교 셕난간은 부용 모란 식여 잇고
장츈각 나무다리 무지기 모양으로
은하를 걸쳐논듯 옥경을 통히는 듯
쳡쳡ᄒᆞᆫ 익각복도 우이굴곡 긔빅간고
낫고 노푼 층층화계 빙문이 긔이ᄒᆞ다
어로 ᄒᆞᆫ 가온딕 쌍봉 공작 식여셔라
뎐각마다 ᄒᆞᆫ 가온딕 셰층보탑 놉히 무고
중앙의 닷집 무어 아로식여 단쳥 ᄒᆞ고
오봉산 일월병풍 히도는 몃 만린고
오봉이 쇼ᄉᆞ스니 히가 돗고 달 돗는다
한편의 보불병풍 엄위ᄒᆞᆫ 그린 독긔
졔간거흉 ᄒᆞ는 긔상 뎨왕의 위엄이요
한편 병풍 그려스되 칠월편 경직도를
ᄌᆞ셰이 그려스니 시민여상 ᄒᆞ는 덕턱
구중궁궐 깁흔 곳에 어이 아라 그리셧노
기동마다 명두 부쳐 달ᄉᆞᄎᆞᆼ ᄒᆞ시는고
상방검 틱아검은 빅일뇌졍 위엄이라
ᄉᆞ지ᄒᆞᆫ 닉시들은 승뎐 ᄎᆞ지 장번일다
건장ᄒᆞᆫ 무예쳥은 ᄌᆞ지군복 남젼딕의
십팔기예 쥬장ᄒᆞ니 긔상이 효용ᄒᆞ다
밤이면 호피 두건 호피 군복 숨모장의
파슈마다 안져스니 호분군 도여 잇고

ᄆᆡᆸ시 잇ᄂᆞᆫ 뎐별감은 이팔쳥츈 아희로다
당당 홍의 ᄌᆞ지두건 남광다위 널분 씌를
가슴의 눌너 씌고 빗 죠흔 슌금 동곳
큰 ᄃᆡ ᄌᆞ ᄉᆡᆨ여 ᄂᆡ여 모양 죠케 ᄭᅩ자 잇고
모ᄃᆡᄒᆞᆫ ᄉᆞ알 ᄉᆞ약 융복ᄒᆞᆫ 무감 통장
별감 무감 영통ᄒᆞ여 합문의 등ᄃᆡᄒᆞ고
각 쳐쇼 ᄂᆡ인들은 안 일을 감아ᄂᆞᆫᄃᆡ
지밀침방 슈방이며 ᄉᆡᆼ것방 쇼쥬방이
ᄇᆡᆨ각ᄉᆞ 각각 마타 아ᄎᆞᆷ 져역 문안이며
의ᄃᆡ 슈문 침션이며 슈라 진찬 직분일다
윤쥬라 모단 너울 두록ᄃᆡ단 드림이며
홍융ᄉᆞ 유쇼ᄆᆡ돕 빗 죠케 느러지고
남쇼화쥬 긴 너울은 누른 화판 죠밀ᄒᆞ다
셜한단 남치마와 불빗 모단 쪽도리며
어여머리 느즌 낭ᄌᆞ 오두ᄌᆞᆷ 금쥭절과
긴 원숨 쪄른 당의 요지연 뫼셧ᄂᆞᆫ 닷
분ᄃᆡ도 졀등ᄒᆞ고 쥬취도 화려ᄒᆞ다
항아가 젹강ᄒᆞᆫ가 쇽ᄐᆡ도 젼여 업ᄂᆡ
나 마ᄂᆞᆫ 무슈리ᄂᆞᆫ 져근머리 긴 져구리
아쳥무명 널분 씌의 문ᄑᆡ를 빗기 ᄎᆞ고
각궁 노ᄌᆞ 모양드른 벙거지 널분 갓끈
두로마기 반물 드려 쇼ᄆᆡ 길게 ᄒᆞ여 입고
ᄂᆡ병죠 근장군ᄉᆞ 문문이 직혀 잇셔
금잡인 춍출ᄒᆞ니 가쥭 등치 숀의 들고
이리 쒸며 져리 쒸니 긔상이 호륵ᄒᆞ다

정원의 뉵승지ᄂᆞᆫ 후셜지신 되여 잇셔
궐ᄂᆡ의 ᄃᆡ쇼ᄉᆞ와 ᄇᆡᆨ각ᄉᆞ 모단 일을
ᄂᆡ외 공ᄉᆞ ᄒᆞᆫᄃᆡ ᄒᆞ여 계쳥 계파 일ᄉᆞᆷ으니
영귀도 갸륵ᄒᆞ고 쇼임도 즁ᄃᆡᄒᆞ다.
옥당 각신 한쥬네ᄂᆞᆫ 쥬경야ᄃᆡ 일이로다
년쇼ᄒᆞᆫ 어린 명ᄉᆞ 공명이 명환일다
별군직 션젼관은 보기 죠흔 비단군복
다홍ᄃᆡ단 홍수 달고 슌금 밀화 ᄊᆞᆼ단쵸며
그 우희 갑ᄉᆞ관ᄃᆡ 슈박 빗시 고흘시고
오위장 츙익장과 문부장 수문장은
호반의 벼ᄉᆞᆯ이라 관ᄃᆡ 쇽의 군복 입고
뉵ᄇᆡᆨ 금군 호위군관 ᄂᆡᄉᆞᆷ쳥의 번을 드러
무예도 갸륵ᄒᆞ고 치마도 날ᄉᆡ도다
의뎡부 ᄉᆞᆷ샹네ᄂᆞᆫ ᄋᆡ민하ᄉᆞ ᄒᆞᄂᆞᆫ 모양
평교ᄌᆞ 느즌 쥴의 나즌 키 별구즁이
고이 며여 가오실 제 호피ᄯᅩ리 ᄡᅡ를쁜다
ᄃᆡ로 겨른 파쵸션을 희빗슬 반즘 가려
벽제도 크지 안코 힝보도 완완ᄒᆞ다
거륵다 셔불장긔 샹위의 도리로다
이 호 례 병 형 공은 뉵경이 되어셰라
호긔 잇ᄂᆞᆫ ᄃᆡᄉᆞ마ᄂᆞᆫ ᄇᆡᆨ보 밧게 인비 셰고
건장ᄒᆞᆫ 뇌ᄌᆞ 긔슈 원앙진 즉ᄃᆡ ᄒᆞ여
빵빵이 벽제 쇼ᄅᆡ 날ᄂᆡ고도 영열ᄒᆞ다
외박휘 놉흔 쵸헌 킈 큰 구죵드리
숀을 드러 미러갈 제 좌우의 ᄉᆡᆨ구 견비

호한ᄒᆞᆫ 별비드리 날ᄀᆡ로 버러 셔셔
셰층 벽졔 소릐 ᄀᆡ구도 엄위ᄒᆞᆯᄉᆞ
무쟝네 모양드른 은안쥰마 죠흔 말게
ᄲᅵ그어 놉히 안져 흉허복실 마샹 모양
웅호의 ᄀᆡ샹이오 진변ᄒᆞᆯ 장슈로다
도감은 오쳔 병마 수영문 되여 잇셔
대명 젹 복식으로 모단 젼건 ᄌᆞᆺ게 쓰고
션ᄀᆡᄃᆡ 날ᄂᆡᆫ 군ᄉᆞ 일검증당 ᄇᆡᆨ만ᄉᆞ라
젼쥬작 되여 잇셔 몸ᄀᆡᄂᆞᆫ 블근 ᄀᆡ요
금위영 숨쳥 병마 별무ᄉᆞ가 건장ᄒᆞ다
좌쳥룡 되여 잇셔 몸ᄀᆡᄂᆞᆫ 푸른 ᄀᆡ요
어영쳥 숨쳔 병마 가젼 별쵸 도여 잇고
우ᄇᆡᆨ호 되여 잇셔 몸ᄀᆡᄂᆞᆫ 흰 ᄀᆡ로다
춍융쳥 숨쳔 병마 무예ᄂᆞᆫ 무젹일다
북현무 되엿스니 몸ᄀᆡᄂᆞᆫ 거문 ᄀᆡ오
룡호영 호위군관 ᄇᆡᆨ발ᄇᆡᆨ즁 ᄒᆞᄂᆞᆫ구나
즁앙이 되엿스니 몸ᄀᆡᄂᆞᆫ 누른 ᄀᆡᆯ다
좌포장 우포장은 금난치젹 일을 숨고
오부의 부관원은 ᄉᆞ숑이 직분이요
경죠부 평시셔ᄂᆞᆫ 치민평시 ᄒᆞᄂᆞᆫ구나
의금부 숨당상과 도ᄉᆞᄂᆞᆫ 열이로다
츈츄필법 가지구셔 금고찬비 일숨으니
팔십 명 나장이ᄂᆞᆫ 알도의 눈을 박아
상토 ᄉᆞᆺ히 ᄌᆞᆺ계 쓰고 쳔익 우희 아쳥 작의
흰 실노 쥴을 노아 임군 왕 자 ᄡᅧ셔 입고

젼옥은 슈도부라 약법슴장 일을 숨고
호죠는 판탁지라 부셰 젼곡 마타 잇셔
삼당상 뉵낭쳥의 벼례방이 쥬장이오
호계ᄒᆞ는 계ᄉᆞ들은 도필지니 되여 잇고
공죠는 슈형부라 각식 장식 춍찰ᄒᆞ여
응역ᄒᆞ기 일숨으니 와셔 션공 믹여 잇고
례죠는 남궁이라 션왕뎨례 본바다셔
군왕의 진퇴번졀 죵ᄉᆞ산쳔 뎨향이며
졔례작악 일숨으니 통례원 거ᄂᆞ리고
병이죠 동셔편은 턱문턱무 추려닉여
닉직이며 외직이며 경경 아경 도빅 유슈
쥬셔 한림 각신들과 옥당 승지 ᄃᆡ간이며
묘ᄉᆞ뎐궁 관원이며 능참봉 슈봉관과
봉ᄉᆞ 직장 감역이며 동몽교관 부도ᄉᆞ와
군ᄌᆞ판ᄉᆞ 광홍슈와 능영이며 션혜낭쳥
각ᄉᆞ 졔죠 부졔죠며 이죠젼낭 홍문뎡ᄌᆞ
병ᄉᆞ 슈ᄉᆞ 방어ᄉᆞ며 영장 즁군 통뎨ᄉᆞ와
쳠ᄉᆞ 만호 병우후며 ᄉᆞ도참군 권관이며
션젼관 부장들과 별군직 슈문장과
훈련판ᄉᆞ 쥬부들과 도총 도ᄉᆞ 경역이며
닉금장 오위장과 창검쵸관 협연쵸관
문음무 열읍슈령 비쳔이며 병이빗슬
턱인비망 일 숨으니 임ᄃᆡ칙즁 ᄒᆞ여셔라
형죠는 ᄃᆡᄉᆞ구라 포장을 영통ᄒᆞ여
각식 금난 죠률ᄒᆞ니 긔강이 거록ᄒᆞ다

ᄉᆞ복의 ᄂᆡ승쥬부 도졔죠며 부졔죠라
거덜이며 견마부ᄂᆞᆫ 쵸립의 널분 갓ᄭᅳᆫ
누른ᄉᆞ 더그레며 푸른 긴옷 벙거지며
이마와 마의드른 말게ᄂᆞᆫ ᄇᆡᆨ낙일다
ᄇᆡᆨ총마 청총마며 오츄마 ᄌᆞ류마며
연ᄉᆞ라 추마말과 돈점총이 어승마다
동셔간 너른 마구 계마쳔필 ᄒᆞ엿구나
문국부이마ᄃᆡ라 쳔승지국 장ᄒᆞᆯ시고
하로날 닷ᄉᆡ날은 ᄂᆡ외 구마 ᄒᆞᆫᄃᆡ 모야
죠마 거동 ᄒᆞᆯ 젹이면 한편의ᄂᆞᆫ 명금ᄒᆞ고
한편의ᄂᆞᆫ 명고ᄒᆞ며 말을 경계ᄒᆞ여 갈 졔
노량이며 ᄂᆞᄂᆞᆫ 품은 힝운유슈 모양일다
장악원 협률낭은 습악ᄒᆞ기 일숨으니
이원뎨ᄌᆞ 쳔여 명이 무동 악공 되여셔라
뎨악의 긴 곡죠ᄂᆞᆫ 신명이 오시ᄂᆞᆫ닷
여민낙 보허ᄉᆞᄂᆞᆫ 여민동낙 한이 업다
표고락 북츔이며 학츔이며 몽금쳑과
징강츔 ᄇᆡᄯᅧᄂᆞ기 화려도 거륵ᄒᆞ다
그 즁의 쳐용무ᄂᆞᆫ 경쥬로셔 왓다 ᄒᆞᄂᆡ
오ᄉᆡᆨ 빗 운화의에 복도를 ᄇᆞ로 쓰고
너른 쇼ᄆᆡ 긴 한숨을 곡죠마다 ᄂᆞ붓길 제
불근 얼골 봉의 눈은 반즘 웃ᄂᆞᆫ 모양일다
쳔관이 ᄒᆞ림ᄒᆞᆫ가 보기의 신긔ᄒᆞ다
션혜청은 젼곡부라 츈츄ᄃᆡ동 젼셰들과
죠운ᄇᆡ 강의 ᄃᆡ고 각읍 ᄉᆡᆨ니 호위ᄒᆞ여

말게 실고 쇠게 실고 큰 슈레의 잠ᄲᅮᆨ 실어
션머리ᄂᆞᆫ 드러오나 ᄭᅳᆺ머리ᄂᆞᆫ 강의 잇다
풍등ᄃᆡ유 ᄒᆞ여스니 국가의 복죠로다
십년지곡 져츅ᄒᆞ니 진진상인 ᄒᆞ여셔라
즁츄부 영판부는 츄밀ᄉᆞ 되여 잇고
홍문관 ᄃᆡ졔학은 문장졔술 문형이요
셩균관 ᄃᆡᄉᆞ셩은 국ᄌᆞ션ᄉᆡᆼ 되여 잇고
ᄉᆞ간원 ᄉᆞ헌부ᄂᆞᆫ 직언극간 엄슉ᄒᆞ다
ᄉᆞ시뎨향 봉상시며 우양고시 젼ᄉᆡᆼ셔며
어보ᄎᆞ지 상셔원과 의ᄃᆡ진ᄇᆡ 상의원과
슈라ᄇᆡᆨ미 ᄉᆞ도시며 금은보ᄑᆡ ᄂᆡ탕고며
긔용병장 ᄂᆡ슈ᄉᆞ와 각식 지쇽 장흥고와
ᄎᆡ쇼 공상 ᄉᆞ포셔며 ᄒᆡ물공상 ᄉᆞᄌᆡ감과
실과 진ᄇᆡ 장원셔와 등유 진ᄇᆡ ᄂᆡ셤시며
약물 ᄃᆡ령 약방이며 각식 공상 공상쳥과
ᄌᆡ목 마튼 슈어쳥과 군량 마튼 량향쳥과
의장 긔명 졔용감과 ᄉᆞ긔 어션 ᄉᆞ옹원과
ᄇᆡᆨ관반녹 광흥창과 군병방뇨 군ᄌᆞ감과
졔가시셔 승문원과 쳑신공의 돈령부며
시지 ᄌᆞ문 됴지셔며 측ᄉᆞᄃᆡ접 례빈시며
쳔문 ᄐᆡᆨ일 관상감과 민간질병 활인셔며
쳥학 왜학 ᄉᆞ력원과 의학쥬장 뎐의감과
둉실션파 둉친부와 도위 쳠위 의빈부며
불망공신 츙훈부와 양노죠신 기로셔라
셜관분직 ᄒᆞ여스니 임현사릉 거륵ᄒᆞ다

ᄉᆞ학이 분ᄇᆡᄒᆞ여 유학을 교훈ᄒᆞ니
명뉸당 ᄃᆡ셩뎐은 우리ᄂᆞ라 반궁이라
일ᄇᆡᆨ 명 ᄐᆡ학ᄉᆞᄂᆞᆫ 부ᄌᆞ 위ᄑᆡ 뫼셔 잇고
ᄒᆡᆼ단의 느진 츔은 연비예천 ᄒᆞᄂᆞᆫ구나
국가의 근본이오 쵸현ᄒᆞᄂᆞᆫ 도리로다
됸경각 노픈 집의 만권셔 ᄊᆞ아 노코
쥬숑야강 ᄒᆞ니 셩현의 풍도로다
츄로지방 분명ᄒᆞ고 정쥬지학 장ᄒᆞ도다
남편은 슝례문과 동편은 흥인문과
셔편은 쇼의문과 북편은 창의문이
ᄉᆞ관이 되여스니 슈문장 호군부장
슈문군 영통ᄒᆞ여 칼을 쏫고 신측ᄒᆞᆫ다
팔노를 통ᄒᆞ엿고 연경 일본 다아구나
우리나라 쇼산들도 붓그럽지 안컷마ᄂᆞᆫ
타국 물화 교합ᄒᆞ니 ᄇᆡᆨ각젼 장ᄒᆞᆯ시고
칠ᄑᆡ의 ᄉᆡᆼ션젼의 각ᄉᆡᆨ ᄉᆡᆼ션 다 잇구나
민어 셕어 셕수어며 도미 쥰치 고동어며
낙지 쇼라 오젹어며 죠ᄀᆡ ᄉᆡ우 젼어로다
남문 안 큰 모젼의 각ᄉᆡᆨ 실과 다 잇구나
쳥실뇌 황실뇌 건시 홍시 죠홍시며
밤 ᄃᆡ됴 잣 호도며 포도 경도 외얏시며
셕류 유ᄌᆞ 복셩와며 룡안 여지 당ᄃᆡ츌다
샹미젼 좌우 가가 십년지량 ᄊᆞ아셔라
하미 즁미 극상미며 찹쌀 좁쌀 기장쌀과
록두 청ᄐᆡ 젹두팟과 마ᄐᆡ 즁ᄐᆡ 기름ᄐᆡᆯ다

되를 드러 ᄌᆞ랑ᄒᆞ니 민무긔ᄉᆡᆨ 죠흘시고
슈각다리 너머셔니 각ᄉᆡᆨ 상젼 버러셔라
면빗 참빗 어레빗과 쌈지 쥼치 허리띄며
총젼 보료 모탄ᄌᆞ며 간지 쥬지 당쥬질다
큰광통교 너머셔니 뉵쥬비젼 여긔로다
일 아는 여립군과 물화 마흔 젼시졍은
큰창옷셰 갓슬 스고 쇼창옷셰 한ᄉᆞᆷ 달고
ᄉᆞ람 불너 홍졍홀 졔 경박ᄒᆞ기 측양업다
ᄇᆡᆨ목젼 각ᄉᆡᆨ 방의 무명이 ᄊᆞ여셔라
강진목 ᄒᆡ남목과 고양ᄂᆞ이 강ᄂᆞ이며
상고목 군포목과 공물목 무녀포와
쳔은이며 졍은이며 셔양목과 셔양쥬라
지젼을 술펴 보니 각ᄉᆡᆨ 죠희 다 잇구나
ᄇᆡᆨ지 장지 ᄃᆡ호지며 셜화지 쥭청지며
션익지 화쵸지며 씌숫홀ᄉᆞ ᄇᆡᆨ면지며
상화지 ᄌᆞ문지며 쵸도지 상쇼지며
쳘년지 모토지와 모면지 분당지와
궁젼지 시축지와 각ᄉᆡᆨ 능화 고흘시고
뵈젼을 술펴보니 각ᄉᆡᆨ 마포 드러쳣다
농포 셰포 즁산치와 함홍오승 심의포며
뉵진장포 안동포와 계츄리 ᄒᆡ남포와
왜뵈 당뵈 싱계츄리 문포 죠포 영츈포며
길쥬 명쳔 가는 뵈는 바리 안의 드는 뵐다
청포쳔 술펴보니 당물화가 버러 잇다
즁침 셰침 슈바날과 다홍ᄉᆞᆷ승 청ᄉᆞᆷ승과

녹젼 홍젼 분홍젼과 삼승고약 공단고약
감토 모즈 회회포와 민강 ᄉ당 오화당과
연환당 옥츈당과 가진 당쇽 버러 잇다
션젼은 슈젼이라 돈마흔 시졍드리
호ᄉ도 홀난ᄒ고 인물들도 쥰슈ᄒ다
각식 비단 버러스니 화려도 장ᄒ시고
공단 ᄃ단 ᄉ단이며 궁쵸 싱쵸 셜한쵸며
금계졔파일륜홍ᄒ니 날 도닷다 일광단과
일년명월금쇼다ᄒ니 달이 발근 월광단과
츄운담담영유유ᄒ니 보기 죠흔 운문ᄃ단
츈풍도리화기야ᄒ니 번화로은 도리불슈
ᄆ화만국쳥모젹ᄒ니 ᄆ쥭문 가계쥬며
룡귀효동운유습ᄒ니 홀난홀ᄉ 룡문갑ᄉ
상ᄉ불견 이ᄂ 마음 임 그리온 상ᄉ단과
은한셩희일도통ᄒ니 통히쥬 일홈 짓고
명괘금방졔일인ᄒ니 장원쥬 되여 잇고
산쳔쵸목 번셩ᄒ니 넌츌진 포도ᄃ단
만경창파 죠기비단 보기 죠흔 금션단과
부화부슌만ᄉ셩ᄒ니 양화단 일홈 짓고
팔월 구월 쳔긔렁ᄒ니 셜사빙ᄉ 되여 잇고
ᄐ상노군 호로단과 쳔셰만셰 만슈단과
역발산긔기셰는 초한 젹 우단일다
얼녹덜녹 광월ᄉ며 알숑달숑 아롱단과
한 양 두 양 팔양쥬며 한 빵 두 빵 빵문쵸며
슈건감 흑져ᄉ며 이불감 남츄라며

볼기감 ᄌᆞ지상직 휘양감 거문 궁쵸
어물젼 ᄉᆞᆯ펴보니 각ᄉᆡᆨ 어물 버러 잇다
북어 관목 ᄊᆞᆯ독이며 민어 셕어 통ᄃᆡ구며
광어 문어 가오리며 젼복 ᄒᆡᄉᆞᆷ 가ᄌᆞ미며
곤포 메욱 다ᄉᆞ마며 파ᄅᆡ김 우무가시
도ᄌᆞ젼 마로져지 금은보ᄑᆡᆨ 노여구나
룡줌 봉줌 셔복줌과 간화줌 장포줌과
압뒤 비녀 민쥭졀과 ᄀᆡ고리 안친 쪽비녀며
은가락지 옥가락지 보기 죠흔 밀화지환
금ᄑᆡᆨ 호박 가락지와 갑 만흔 슌금지환
노리ᄀᆡ 볼작시면 ᄃᆡᄉᆞᆷ작과 쇼ᄉᆞᆷ작과
옥나뷔 금벌이며 ᄉᆞᆫ호가지 밀화불슈
옥장도 ᄃᆡ모장도 빗 죠흔 ᄉᆞᆷ식실노
ᄊᆞᆫ 슐 ᄑᆞᆫ 슐 가진 ᄆᆡ돕 변화ᄒᆞ기 측냥업다
광통교 아ᄅᆡ 가ᄀᆡ 각ᄉᆡᆨ 그림 걸녀구나
보기 죠흔 병풍ᄎᆞ의 ᄇᆡᆨᄌᆞ도 요지연과
곽분양 ᄒᆡᆼ락도며 강남금릉 경직도며
한가ᄒᆞᆫ 쇼상팔경 산슈도 긔이ᄒᆞ다
다락벽 계견ᄉᆞ호 장지문 어약룡문
ᄒᆡ학반도 십장ᄉᆡᆼ과 벽장문ᄎᆞ ᄆᆡ쥭난국
횡축을 볼작시면 구운몽 셩진이가
팔션녀 희롱ᄒᆞ여 투화셩쥬 ᄒᆞᄂᆞᆫ 모양
쥬나라 강ᄐᆡ공이 궁팔십 노옹으로
ᄉᆞ립을 ᄉᆞᆨ녀 쓰고 고든 낙시 물의 너코
ᄯᆡ 오기만 기달일 졔 쥬문왕 착ᄒᆞᆫ 임군

어진 ᄉᆞᄅᆞᆷ 어드려고 숀죠 와셔 보ᄂᆞᆫ 거동
한ᄂᆞ라 상산ᄉᆞ호 갈건야복 도인 모양
네 늘근이 바독 둘 졔 졔셰안민 경영일다
남양의 졔갈공명 쵸당의 잠을 겨워
형익도 거러노코 평싱을 아ᄌᆞ지라
한쇼렬 유황슉이 숨고쵸려 ᄒᆞᄂᆞᆫ 모양
진쳐ᄉᆞ 도연명은 오두미 마다ᄒᆞ고
ᄑᆡᆼᄐᆡᆨ령 하직ᄒᆞ고 무고숑이 반환이라
당학ᄉᆞ 니ᄐᆡᄇᆡᆨ은 쥬ᄉᆞ 청누 취ᄒᆞ여셔
쳔ᄌᆞ호ᄅᆡ 불상션을 역역히 그려스며
문의 부칠 신장들과 모ᄃᆡᄒᆞᆫ 문비드를
진ᄎᆡ 며여 그려스니 화려ᄒᆞ기 측양업다
구리ᄀᆡ 좌우집의 신롱유업 써 부치고
각ᄉᆡᆨ 약이 다 잇구나 슈셰졔즁 ᄒᆞ리로다
인ᄉᆞᆷ ᄉᆞᄉᆞᆷ 현ᄉᆞᆷ이며 황연 황금 황ᄇᆡᆨ이며
진피 쳥피 ᄃᆡ복피며 감쵸 ᄌᆞ쵸 하고쵸며
우황 타황 구황이며 웅담 구담 ᄉᆞ담이며
침향 졍향 당ᄉᆞ향과 룡뇌 룡안 룡골이며
쇼합환 광졔환과 ᄐᆡ을환 쇼침환과
쳥심환 안신환과 포롱환 만응환과
운모고 우황고며 오독고 신이고며
졔즁단 옥츄단과 벽운단 ᄌᆞ금단과
옥셜 금셜 진쥬셜과 은박 금박 호박셜과
민강 귤병 금젼병과 녹용고 경옥골다
샹ᄇᆡᆨ쵸 졔만민은 염뎨시 공덕일셰

물즁지ᄃᆡ 장ᄒᆞᆯ시고 졔왕의 도읍일다
화려가 이러ᄒᆞᆯ 졔 노린들 업슬쇼냐
장안쇼연 유협ᄀᆡᆨ과 공ᄌᆞ 왕숀 ᄌᆡᆨ상ᄌᆞ뎨
부샹ᄃᆡ고 젼시졍과 다방골 졔갈동지
별감 무감 포도군관 졍원ᄉᆞ령 나장이라
남북촌 한량드리 각ᄉᆡᆨ 노름 장ᄒᆞᆯ시고
션비의 시축노름 한량의 셩쳥노름
공물방 션유노름 포교의 셰촌노름
각ᄉᆞ 셔리 슈유노름 각집 겸죵 화류노름
장안의 편ᄉᆞ노름 장안의 호걸노름
ᄌᆡᆨ상의 분부노름 ᄇᆡᆨ셩의 중포노름
각ᄉᆡᆨ 노름 버러지니 방방곡곡 노리쳘다
노리쳐 어드멘고 누ᄃᆡ 강산 죠흘시고
죠양누 셕양누며 명셜누 츈슈루와
홍엽졍 노인졍과 숑셕원 싱화졍과
영파졍 츈쵸졍과 장유헌 몽답졍과
필운ᄃᆡ 샹션ᄃᆡ와 옥유동 도화동과
창의문 밧 ᄂᆡ다라셔 탕츈ᄃᆡ 셰검졍과
옥쳔암 셕경루와 한북문 진관이며
경강졍 ᄂᆡ다라셔 창랑졍 압구졍과
쪽한졍 ᄐᆡᆨ영졍과 별령 안 읍쳥눌다
구경 가ᄌᆞ 구경 가ᄌᆞ 승젼노름 구경 가ᄌᆞ
북일령 군ᄌᆞ졍의 죠흔 노름 버려구나
눈빗 갓튼 흰 휘장과 구름 갓튼 노픈 차일
차일 아ᄅᆡ 유둔 치고 마로 끗히 보계판과

아로ᄉᆡᆨ인 셕가ᄅᆡ의 각 영문 ᄉᆞ촉롱을
뷘틈업시 다라노코 좁살 구슬 화쵸등과
보기 죠흔 양각등을 ᄎᆞ례 잇게 거러노코
난간 밧게 츈화 가화 불근 비단 허리 ᄆᆡ여
빙문 진 유리병의 가득이 ᄭᅩᄌᆞ노코
각ᄉᆡᆨ 총젼 몽고젼과 만화 등ᄆᆡ 담방셕의
ᄇᆡᆨ통타구 옥타구며 ᄇᆡᆨ통요강 은ᄌᆡᄶᅥ리
왜찬합과 당찬합과 아로ᄉᆡᆨ인 교ᄌᆞ상과
모란병풍 영모병풍 산슈병풍 글시병풍
홍융ᄉᆞ 구영 ᄯᅮ러 이리져리 얼거ᄆᆡ고
별감의 거동 보쇼 난번별감 ᄇᆡᆨ여 명이
ᄆᆡᆸ시도 잇거니와 치장도 놀ᄂᆞ올ᄉᆞ
편월상토 밀화동곳 ᄃᆡᄌᆞ동곳 셕거 ᄭᅩᆺ고
곱게 ᄯᅳᆫ 평양망건 외졈바기 ᄃᆡ모관ᄌᆞ
상의원 ᄌᆞ지팔ᄉᆞ 쵸립 ᄆᆡᆺ희 팔괘 노코
남융ᄉᆞ 중두리의 오동 입식 쎠서 달고
숀펵 갓튼 슈ᄉᆞ갓ᄭᅳᆫ 귀를 가려 숙여 쓰고
다홍ᄉᆡᆼ쵸 고흔 홍의 숙쵸창의 바쳐 입고
보라누비 져구리의 외올ᄯᅳ기 누비바지
양ᄉᆡᆨ단 누비ᄇᆡᄌᆞ 젼ᄇᆡᄌᆞ 바쳐 입고
금향슈쥬 누비토슈 젼토슈 밧쳐 ᄭᅵ고
즁동치례 볼작시면 우단 ᄃᆡ단 도리불슈
각ᄉᆡᆨ 쥼치 묘이 졉어 납의ᄆᆡ돕 별ᄆᆡ돕의
파리ᄆᆡ돕 도ᄅᆡᄆᆡ돕 ᄉᆡᆨᄉᆡᆨ이로 쒸여 ᄎᆞ고
오ᄉᆡᆨ 비단 괴불쥼치 약낭 향낭 셕거 ᄎᆞ고

이궁젼 뒤방젼과 금ᄉᆞ향 ᄌᆞ긔향을
고름마다 거러 ᄎᆞ고 뒤모장도 셔장도며
밀화장도 빅옥장도 안팟그로 빗기 ᄎᆞ고
숨승보션 순혹 파셔 밉시 잇게 ᄒᆞ여 신고
졔졔창창 안즌 모양 졀ᄎᆞ도 거륵ᄒᆞ다
금긱 가긱 모야구나 거문고 임죵쳘이
노릐의 양ᄉᆞ길이 계면의 공득이며
오동복판 거문고는 쥴 골나 셰워 노코
치장 ᄎᆞ린 ᄉᆡ 양금은 쩌는 나뷔 안쳐구나
싱황 퉁쇼 쥭장고며 피리 져 ᄒᆡ금이며
ᄉᆡ로 갈인 큰 장구를 쳥셔피 ᄉᆡ 굴네의
홍융ᄉᆞ 룡두머리 단단이 죠야메고
틱극 그린 큰 북 가의 쌍룡을 그려구나
왕딕를 가로질너 흰 무명 십여 쳑을
고리 쒸여 믹여 달고 다홍 상모 긴 북칠다
각식 기싱 드러온다 예ᄉᆞ로은 노름의도
치장이 놀납거든 허물며 승젼노름
별감의 노름인딕 범연이 치장ᄒᆞ랴
어름 갓튼 누른 젼모 자지갑ᄉᆞ 끈을 달고
구름 갓튼 허튼머리 반달 갓튼 빵어레로
쏼쏼 빗겨 고이 빗겨 편월 죠케 짜아 언고
모단 숨승 가리마를 압흘 덥퍼 숙여 쓰고
산호줌 밀화비녀 은비녀 금봉ᄎᆞ를
이리 쏫고 저리 쏫고 당가화 상가화를
눈을 가려 ᄌᆞ쥬 쏫고 도리불슈 모쵸단을

웃져구리 지여 입고 양식단 쇽져구리
가진 퇴물 쉬여 ᄎᆞ고 남갑ᄉᆞ 은죠ᄉᆞ며
화갑ᄉᆞ 긴 치마를 허리 졸나 동여 입고
ᄇᆡᆨ방슈쥬 쇽쇽것과 슈갑ᄉᆞ 단쇽것과
장원쥬 너른 바지 몽고숨승 겻버션과
안동 상젼 슈운혜를 ᄆᆡᆸ시 잇게 신어 두고
ᄇᆡᆨ만 교ᄐᆡ 다 푸이고 모양 죠케 드러온다
ᄂᆡ의녀 침션비며 공죠라 혜민셔며
늘근 기ᄉᆡᆼ 졀문 기ᄉᆡᆼ 명기 동기 드러온다
오동 량월 반근 달의 발고발근 츄월이며
츈ᄅᆡ편시도화슈라 벽도 홍도 드러온다
셜만장안학정홍ᄒᆞ니 외로올ᄉᆞ 일졈홍이
졍부만리슈타향ᄒᆞ니 바라볼ᄉᆞ 관산월이
ᄋᆡᆼ젼고지연입루ᄒᆞ니 쇼리 죠흔 연ᄋᆡᆼ이며
쳥천삭츌금부용ᄒᆞ니 의젓흔 부용이며
쳔리ᄋᆡᆼ졔녹영홍ᄒᆞ니 탈식홀ᄉᆞ 영산홍이
구봉침 잠간 보니 화려홀ᄉᆞ ᄎᆡ봉이며
옥츌곤강 금싱려슈 보ᄇᆡ로흔 금옥이며
션셩지슈홀ᄉᆞ양ᄒᆞ니 신긔롭다 쵸션이며
낙양 장안 봄 느덧다 번화로흔 만졈홍이
강성오월낙ᄆᆡ화ᄒᆞ니 향긔로흔 ᄆᆡ향이며
녹쥭의의쳥고졀ᄒᆞ니 졀ᄀᆡ 잇는 쥭엽이며
경슈무풍야ᄌᆞ파ᄒᆞ니 곱고 고흔 ᄇᆡᆨ능팔다
운빈화안금보요ᄒᆞ니 셜부화모츔치시라
ᄎᆞ례로 느러 안져 노름을 ᄌᆡ촉흔다

화려ᄒᆞᆫ 거문고ᄂᆞᆫ 안족을 옹겨 노코
문무현 다ᄉᆞ리니 롱현쇼릐 더욱 죠타
한만ᄒᆞᆫ 져 다스림 길고 길고 구슬푸다
피리ᄂᆞᆫ 츰을 밧고 ᄒᆡ금은 숑진 글고
장구ᄂᆞᆫ 굴네 죄여 더덕을 크게 치니
관현의 죠흔 쇼릐 심신이 황홀ᄒᆞ다
거상죠 ᄂᆞ린 후의 쇼릐 ᄒᆞᄂᆞᆫ 어린 기ᄉᆡᆼ
한 숀으로 머리 밧고 아미를 반즘 슉여
우죠라 계면이며 쇼용이 편락이며
츈면곡 쳐ᄉᆞ가며 어부ᄉᆞ 상ᄉᆞ별곡
황계타령 ᄆᆡ화타령 잡가 시죠 듯기 죠타
츔츄ᄂᆞᆫ 기ᄉᆡᆼ드른 머리의 슈건 ᄆᆡ고
웃영산 느즌 츔의 즁영산 츔을 모라
잔영산 입츔 추니 무산션녀 나려온가
비써ᄂᆞ기 북츔이며 ᄃᆡ무 남무 다 츈 후의
안 올린 벙거지의 셩셩젼 증두리의
쥬먹 가튼 밀화증ᄌᆞ ᄆᆡ암이 ᄉᆡ여 달고
갑ᄉᆞ군복 홍슈 다라 남슈화쥬 긴 젼ᄃᆡ를
허리를 잔득 ᄆᆡ고 상모 단 노는 칼을
두 숀의 빗기 쥐고 잔영산 모는 ᄉᆡ면
항장의 츔일넌가 가슴이 셔를ᄒᆞ다
보기의 번화ᄒᆞ고 듯기의 신긔ᄒᆞ다
츈셩 ᄉᆞᆷᄇᆡᆨ 구십교와 ᄃᆡ도청루 십이즁의
집집이 관현이요 거리거리 노릐로다
년풍ᄒᆡ젼가가쥬요 츈만강셩쳐쳐화라

동도부 셔도부며 임고ᄃᆡ 졔경편과
졔왕 국도 지은 글이 번화가 장ᄒᆞ건만
자셩졔인 어린 쇼견 우리 한양 뎨일일다
임ᄌᆞᄂᆞᆫ 그 뉘신고 하늘이 ᄂᆡ신 인군
젹덕ᄇᆡᆨ년 태됴대왕 홍무의 등극ᄒᆞᄉᆞ
례악법도 쇼즁화라 션니건곤 거륵ᄒᆞ다
계계승승 성ᄌᆞ신숀 질겁구나 우리 셩듀
어질기ᄂᆞᆫ 요슌이오 효롭기ᄂᆞᆫ 문무로다
쥬ᄂᆞ라 구여시와 한ᄂᆞ라 ᄉᆞ즁가ᄂᆞᆫ
아마도 우리나라 슈무쪽도 즐겁구나
ᄒᆡ마다 졍월이면 ᄐᆡ묘 ᄉᆞ직 단니신 후
능ᄒᆡᆼ령 ᄂᆞ리시니 남도거동 되신다ᄂᆡ
남도ᄂᆞᆫ 화셩부라 두 능을 뫼셔스니
건능과 현륭원의 츈뎐알 령이 낫다
병판은 군령 ᄃᆡ령
각 영문 장신네는 군장졈구 신측ᄒᆞ고
ᄇᆡᆨ각ᄉᆞ 관원드른 군복 융복 치장ᄒᆞ고
ᄇᆡᆨ각ᄉᆞ 하인드른 능ᄒᆡᆼ 복식 ᄌᆡ촉ᄒᆞ니
ᄐᆡᆨ일은 삼월이라 능ᄒᆡᆼ도 ᄒᆞ시면셔 츈셩경 ᄒᆞ시련다
호죠의 별례방은 계ᄉᆞ를 영통ᄒᆞ여
각식 장식 거ᄂᆞ리고 능쇼로 밧비 가고
쥬교ᄃᆡ장 젼령ᄒᆞ여 쥬교를 신측ᄒᆞᆫ다
젼셰 ᄃᆡ동 실는 ᄇᆡ와 두ᄃᆡ박이 외ᄃᆡ박이
당도리 먼졍이며 즁거로 낙거로를
십니장강 너른 물의 머리 맛게 느러세고

션장이며 지위목슈 쥬야로 일을 ᄒᆞᆯ 제
쥬교별장 군복 ᄒᆞ고 이리 가며 져리 가며
등ᄑᆡ를 영통ᄒᆞ여 결곤 신측 일을 몬다
ᄇᆡ 우희 장숑 쌀고 장숑 우희 박숑 쌀고
그 우희 모ᄅᆡ 펴고 모ᄅᆡ 우희 셰ᄉᆞ 펴고
그 우희 황토 쌀고 좌우희 난간 ᄊᆞ고
팔둑 갓튼 쇠ᄉᆞ슬노 ᄇᆡ머리를 거러ᄆᆡ고
양씃희 홍젼문과 한가온ᄃᆡ 홍젼문의
홍긔를 놉히 쏫고 좌우의 ᄇᆡᄉᆞ공은
쳥의 쳥건 남젼ᄃᆡ의 오ᄉᆡᆨ긔 숀의 들고
십리 쥬교 버러스니 쳔승군왕 위의로다
쥬교ᄃᆡ장 쥬교별장 신측호령 엄위ᄒᆞ다
유도ᄃᆡ장 영군ᄒᆞ고 죵노마로 ᄒᆞᆫ가온ᄃᆡ
차일을 놉히 치고 차일 밋희 유둔 치고
유둔 아ᄅᆡ 군막 치고 군즁의 호령ᄒᆞᆫ다
신시의 취군ᄒᆞ여 돈화문 밧 다 모인다
경야를 ᄒᆞ려 ᄒᆞ고 어한졔구 가져구나
길마ᄌᆡ 한 봉화의 남산 봉화 응ᄒᆞ여셔
일졔이 네 ᄌᆞ로가 변방무ᄉᆞ 보ᄒᆞ엿다
쵸겻 ᄉᆞᆷ졈 인졍쇼ᄅᆡ 이십팔슈 응ᄒᆞ엿고
젼루를 모라쳐셔 오경이 발셔 되니
셜흔 셰 번 파루 쇼ᄅᆡ 긋치면셔 쵸엄 치고
ᄌᆡ엄 치고 ᄉᆞᆷ엄 치니 묘졍ᄉᆞᆷ각 되여구나
통례원 좌통례가 승려를 쳥ᄒᆞ엿다
부도가 압도가며 한셩부 쪽뒤도가

ᄉᆞ헌부 도가 쏫희 션진이 동군ᄒᆞᆫ다
긔ᄃᆡ장 압흘 셔니 마군의 머리로다
오마ᄃᆡ 마군드른 항오가 엄슉ᄒᆞ다
별ᄃᆡ마병 션긔ᄃᆡ며 쳔총 파총 긔총이며
각쵸 쵸관 모양드른 졔 방위ᄉᆡᆨ 물을 드려
더그레며 슈긔 쥐고 원앙진 보군작ᄃᆡ
젼쵸 후쵸 좌쵸 우쵸 젼ᄉᆞ 후ᄉᆞ 좌ᄉᆞ 우ᄉᆞ
삼항으로 ᄒᆡᆼ군ᄒᆞ니 쵸긔가 압흘 셧ᄂᆡ
범 갓고 곰 갓트니 군상이 웅위ᄒᆞ다
도감이 션상이라 ᄃᆡ장의 긔구 보쇼
젼건 쓴 겹견비의 영긔 슌시 곤장 쥬장
청도긔 압흘 셔고 ᄃᆡ긔치 버러셧다
관이영젼 승긔젼의 월도 든 휘ᄌᆞ슈며
금안쥰마 죠흔 말게 상모 달고 쥬락 달고
흰 무명 된밀치며 흰 무명 마혁 달고
안 올인 벙거지의 상모의 공작우며
비단군복 우단요ᄃᆡ 환도 ᄎᆞ고 등ᄎᆡ 집고
밀부 병부 쪄셔 ᄎᆞ고 동ᄀᆡ의 미젼 쏫고
다홍ᄃᆡ단 큰 슈긔의 ᄉᆞᆷ군ᄉᆞ명 네 큰 ᄌᆞ를
두려시 ᄉᆡᆨ여ᄂᆡ여 보기 죠케 쪄셔 쏫고
그 뒤의 문무낭청 그 뒤의 즁군 셔고
교련관 집ᄉᆞ드리 뒤를 막아 호위ᄒᆞᆫ다
그 담은 룡호영이 표긔 밋희 병죠판셔
루른 슈긔 불근 글ᄌᆞ 본병 이ᄌᆞ 쪄셔 들고
단졍이 가ᄂᆞᆫ 모양 ᄃᆡᄉᆞ마 원슈로다

금려ᄉᆞ령 금군별장 ᄂᆞᆨ번금군 작ᄃᆡᄒᆞ고
어젼긔치 느러셧다 쳥도 일ᄊᆞᆼ 압션 후의
좌쳥룡 우ᄇᆡᆨ호며 남쥬ᄌᆞᆨ 북현무며
동남각 남동각과 동북각 북동각과
셔남각 남셔각과 셔북각 북셔각과
홍신문 흑신문과 쳥신문 ᄇᆡᆨ신문과
황신문 황신긔며 홍고쵸 쳥고쵸며
ᄇᆡᆨ고쵸 흑고쵸며 황고쵸 등ᄉᆞ긔며
남신장 북신장과 동신장 셔신장과
칠셩긔 표미긔며 쵸요긔 금고긔라
물ᄉᆡᆨ도 죠커니와 오군미목 분명ᄒᆞ다
삼항 분입 완힝으로 ᄂᆡ호쇼ᄅᆡ 연ᄒᆞ엿ᄂᆡ
가젼의 죠흔복ᄉᆡᆨ 교룡긔 옹위ᄒᆞ고
둑 담의 양산 셔고 좌우의 슈졍졀월
은증ᄌᆞ 금증ᄌᆞ며 은몽동이 금몽동이
각ᄉᆡᆨ 의장 버려셔니 션부의 복ᄉᆡᆨ일셰
관약지음 난만ᄒᆞ고 우모지미 현란ᄒᆞ다
호륵ᄒᆞᆫ 어젼젼ᄇᆡ ᄌᆞᄀᆡ창 시위ᄒᆞ고
모단젼건 홍더그레 화약통 남날ᄀᆡ며
오라 ᄉᆞ슬 칼의 걸고 힝보 죠케 가ᄂᆞᆫ구나
다홍ᄃᆡ단 홍령긔ᄂᆞᆫ 곤장 쥬장 셕거 셔고
금헌화 ᄃᆡ답쇼ᄅᆡ 보보이 령젼ᄒᆞᆫ다
어젼등롱 홍ᄉᆞ쵸롱 신젼이며 월도로다
션젼관 별군직과 별운검 ᄎᆞᆼ관들과
별감 무감 ᄂᆡ시와 무례쳥 통장들과

협연쵸관 창검쵸관 금헌낭쳥 ᄂᆡ금장과
ᄂᆡ구마 외구마ᄂᆞᆫ 법안 지어 압ᄒᆡ 셔고
경긔감영 셰픠드른 홍천ᄋᆡᆨ 공작우의
가ᄂᆞᆫ 쇼ᄅᆡ 권마셩이 말고도 고을시고
슝례문 밧 ᄂᆞᄋᆞ시니 계라ᄎᆞ지 션젼관이
자쥬 거러 긔여 와셔 췌타를 쳥ᄒᆞᆫ 후의
겸ᄂᆡ췌 픠두 불너 췌타령 ᄂᆞ리오니
겸ᄂᆡ췌 거동 보소 쵸립 우희 젹우 쏫고
누른 쳔ᄅᆡᆨ 남젼ᄃᆡ의 명금ᄉᆞᆷ셩 ᄒᆞ 년후의
고동이 셰 번 울며 군악이 이러나니
엄위ᄒᆞᆫ 라발이며 ᄋᆡ원ᄒᆞᆫ 호젹이라
졍긔ᄂᆞᆫ 표표하고 금고ᄂᆞᆫ 당당ᄒᆞ다
한 가온ᄃᆡ 췌고슈ᄂᆞᆫ 흰 한ᄉᆞᆷ 두 북치를
일시의 슈십 명이 힝고를 가치 치니
듯기의도 죠커니와 보기의도 엄위ᄒᆞ다
압ᄒᆡᄂᆞᆫ 공가교요 뒤의ᄂᆞᆫ 타신 가교
무예쳥 호위ᄒᆞ고 그 밧게 별감 무감
모도 다 홍쳔ᄅᆡᆨ의 공젹우 ᄭᅩᄌᆞ스며
가교의 ᄂᆞ옵시니 홍양산은 압ᄒᆡ 셧다
그 밧게 협연군이 ᄌᆞ긔창 뒤를 막고
그 밧게 나장이ᄂᆞᆫ 쥬장 들고 시위ᄒᆞ고
ᄃᆡ령포교 ᄉᆞ오 명은 ᄇᆡᆨ의로 슈가ᄒᆞ고
약방 ᄂᆡ각 졍원 옥당 군복 ᄒᆞ고 슈가ᄒᆞ고
위외의 산반드른 쳔ᄅᆡᆨ으로 비죵ᄒᆞ고
후상은 금위ᄃᆡ장 ᄉᆞᆷ쳔병마 춍독ᄒᆞ고

원앙진 힝군ᄒᆞ여 ᄉᆞᆷ십팔면 ᄃᆡ긔치의
난후취 취타ᄒᆞ고 후진 도여 가는구나
돌모로 지나 셧다 로량을 당ᄒᆞ엿네
쥬교ᄃᆡ장 결진ᄒᆞ고 강물을 굿계 막아
나는 ᄉᆡ를 건넬쇼냐 힝보 죠흔 션젼관이
표신을 숀의 쥐고 홍영긔 압셰우고
쥬교령 드러가셔 표신을 젼ᄒᆞᆫ 후의
방포ᄉᆞᆷ셩 진문 열고 대가가 드으신다
명금 취타 ᄃᆡ진ᄒᆞ니 어룡이 다 놀는다
언긔고 승긔젼의 삼군이 호령ᄒᆞ니
풍운이 변화ᄒᆞ고 룡ᄉᆞ가 비등ᄒᆞᆫ다
규규ᄒᆞᆫ 무부드른 공후간셩 되여셔라
군졔가 쳥슉하고 항오가 졍졔ᄒᆞ다
하로 지나 이틀 지나 ᄉᆞᆷ일만의 환궁ᄒᆞᄉᆞ
별단 시상 ᄒᆞ신 후의 과가령 나리시니
알셩의 룡호방이 한ᄃᆡ로 뵈신다니
잇ᄣᆡ는 어늬 ᄯᅢ고 츈삼월 호시절의
츈풍이 화려ᄒᆞ고 만화방창 ᄒᆞ여셔라
금쳔교 버들 빗슨 벽라만ᄉᆞ 드리온 닷
옥류쳔 두견 빗슨 홍금쳔폭 가리온 닷
쳔ᄌᆞ만록 방비ᄒᆞ니 가지가지 봄빗실다
금셩류ᄉᆡᆨ쳔문효요 옥동도화만슈츈을
운리데셩ᄲᅡᆼ봉궐의 우즁츈슈만인가를
츈당ᄃᆡ 노픈 언덕 영화당 너른 ᄯᅳᆯ의
비셜방 군ᄉᆞ들과 어군막 방직이가

삼층 보계판을 광ᄃᆡᄒᆞ게 널이 무고
십칠 냥 어ᄎᆡ일을 반공의 놉히 치고
흰 휘장 둘너치고 다홍공단 어군막을
유둔 밋ᄒᆡ 바쳐 치고 오봉산 일월병풍
룡상 우희 교의 노코 룡문셕 어포진을
광하천간 널이 ᄭᆞᆯ고 층층셤돌 어로의ᄂᆞᆫ
힝보셕 느러 펴고 뜰 아ᄅᆡ 큰 북 노코
북 우희 안탑 무고 한편의 향노 노코
ᄉᆡᆨ스러온 어ᄉᆞ화며 보기 죠흔 거문ᄀᆡ며
록의홍상 무동드른 쌍쌍이 늘어셧다
션ᄇᆡ의 거동 보쇼 반물 드린 모시청포
거문 씌 눌너 씌고 유건의 붓쥬머니
젹셔복즁 ᄒᆞ여스니 슈면앙ᄇᆡ ᄒᆞᄂᆞᆫ구나
ᄀᆡ상이 쳥슈ᄒᆞ고 모양이 죠촐ᄒᆞ다
집츈문 월근문과 통화문 홍화문의
부문을 ᄒᆞᄂᆞᆫ구나 건장ᄒᆞᆫ 션졉군이
짜른 도포 졔쳐 ᄆᆡ고 우산의 공셕 ᄊᆞ고
말독이며 말장이며 ᄃᆡ로 만든 등을 들고
각ᄉᆡᆨ 글ᄌᆞ 표을 ᄒᆞ여 등을 보고 모야 셧다
밤즁의 문을 여니 각ᄉᆡᆨ 등이 드러올 졔
쥴불이 펼쳐ᄂᆞᆫ닷 ᄉᆡ벽별이 ᄒᆞ르ᄂᆞᆫ듯
ᄀᆡ세ᄂᆞᆫ ᄇᆡᆨ젼일세 빠르기도 ᄉᆞᆯ 갓도다
현졔판 밋 셜포장의 말독 박고 우산 치고
휘장 치고 등을 ᄭᅩᆺ고 슈죵군이 느러셔셔
졉마다 직히면셔 엄포가 ᄉᆞᄂᆞ올ᄉᆞ

그 외의 약ᄒᆞᆫ 션ᄇᆡ 장원봉 기슬이며
궁장 밋 ᄉᆡᆼ강 밧ᄒᆡ 잠복 치고 안져스니
등불이 죠요ᄒᆞ니 ᄉᆞ월팔일 모양일다
동동일츌ᄃᆡ명궁ᄒᆞ니 오ᄉᆡᆨ운즁가뉵룡을
창검군 압흘 셔고 션진이 느러셧다
춍관 각신 모단 ᄇᆡᆨ관 거러셔 비죵ᄒᆞᆫ다
의장이 압흘 셔고 양산이며 교룡긔며
병죠판셔 금헌낭쳥 오위장 우림장과
가젼의 시위쇼ᄅᆡ 길고도 느러진다
장악원 일등악ᄉᆡᆼ 다홍관ᄃᆡ 야ᄌᆞᄃᆡ의
션악을 길게 ᄂᆡ니 여민동락 화흘시고
옥교로 오오실 졔 양산이 ᄒᆡ를 가려
비슥이 바드시고 뒤의ᄂᆞᆫ 현무션을
츙의가 들어스며 키 큰 봉두별감
가진 시위 경필쇼ᄅᆡ 갸륵ᄒᆞ고 엄위ᄒᆞ다
협연시위 무례쳥은 고ᄀᆡ 슉여 ᄒᆞᄂᆞᆫ 쇼ᄅᆡ
듯기의도 쳥슉ᄒᆞ고 보기의도 경됸ᄒᆞ다
쳥양문 나아실 졔 ᄃᆡ답쇼ᄅᆡ 웅장ᄒᆞ다
관풍각 지나시고 관덕정 지나셔셔
보탑의 젼좌ᄒᆞᄉᆞ 군병방위 정ᄒᆞᆫ 후의
어악이 이러ᄂᆞ며 모ᄃᆡᄒᆞᆫ 환시네가
어졔를 고이 들고 현졔판 임ᄒᆞ여셔
홍마삭 ᄭᅳᆫ을 ᄆᆡ여 일시의 올녀 다니
만장즁 션ᄇᆡ드리 붓슬 들고 다라ᄂᆞᆫ다
각각 제 졉 ᄎᆞ져가셔 ᄎᆡᆨ힝담 여러노코

ᄒᆡ제를 ᄉᆡᆼ각ᄒᆞ여 풍우갓치 지어ᄂᆡ니
글 ᄒᆞᄂᆞᆫ 거벽드른 귀귀이 을퍼ᄂᆡ고
글시 쓰ᄂᆞᆫ ᄉᆞ슈드른 시ᄀᆡᆨ을 못 머문다
글 글시 업ᄂᆞᆫ 션ᄇᆡ 슈죵군 모양으로
공셕의도 못 안고도 글 한 장을 ᄋᆡ걸ᄒᆞᆫ다
부모 션ᄉᆡᆼ 권학ᄒᆞᆯ 졔 이런 토 모르던가
경ᄀᆡᆨ의 션장 드러 위장군이 외ᄂᆞᆫ구나
ᄒᆞᆫ 장 들고 두 장 들어 ᄎᆞᄎᆞ로 드러간다
ᄇᆡᆨ 장이 너머셔ᄂᆞᆫ 일시의 드러오니
승긔젼 모양이요 ᄇᆡᆨ셜이 분분ᄒᆞ다
슈건 슈 몃 장인고 언덕 갓고 뫼 갓구나
ᄉᆞ알 ᄉᆞ약 무감 별감 졍원ᄉᆞ령 우장군이
열 장식 작축ᄒᆞ여 젼ᄌᆞ관 젼ᄌᆞ ᄒᆞ고
쥬문명관 시관 압ᄒᆡ 슈업시 갓다 놋ᄂᆡ
ᄎᆞ례로 ᄭᅩ놀 젹의 비졈 치고 관별ᄒᆞᆫ다
그 외의 낙고지ᄂᆞᆫ 짐짐이 져셔 ᄂᆡᆫ다
학고의 오른 글장 먹으로 등을 쓰네
글시ᄂᆞᆫ 명필이오 지은 글은 문장이라
니두의 글릴넌가 희지의 글시런가
이갓치 공부ᄒᆞᆯ 졔 장원이 못될쇼냐
과거를 다 본 후의 션비의 거동 보쇼
우산 졉어 둘너메고 공셕 ᄊᆞ셔 엽ᄒᆡ ᄭᅵ고
장원봉 언덕 우희 잠복이 모야 셔셔
방 나기 기달일 졔 보계판을 ᄇᆞ라보니
시관들과 늒방승지 어젼의셔 탁방ᄒᆞᆫ다

셜포장 지우고셔 졍원ᄉᆞ령 불너ᄂᆡ여
셩명 숨ᄌᆞ 써셔 쥬니 졍원ᄉᆞ령 거동 보쇼
잣쥬름 방ᄑᆡ쳔ᄅᆡᆨ 통양갓 졋게 쓰고
다람박질 ᄂᆡ려올 졔 만장즁 션ᄇᆡ 마음
심독희 자부ᄒᆞ여 가마니 듯ᄂᆞᆫ구나
여러시 묵거 질러 셩명숨ᄌᆞ 호명ᄒᆞᆫ다
젹덕한 뉘 집 ᄌᆞ숀 글 용한 어늬 션ᄇᆡ
십년 등하 쥭을 공부 금일 등과 ᄒᆞ엿ᄂᆞᆫ고
밧비 불너 올나갈 졔 망건을 고쳐 ᄡᅳ고
도포를 가라 입고 여긔 잇다 쇼ᄅᆡ ᄒᆞ니
슈십 명 원령드리 일시의 달녀드러
부ᄋᆡᆨᄒᆞ고 올나가니 어약룡문 되여구나
등과ᄒᆞᆫ 신은드를 ᄎᆞᄎᆞ로 불너올녀
어젼의 례방승지 진퇴를 식히고셔
ᄉᆞ온숨ᄇᆡ ᄒᆞ신 후의 얼골의 희묵ᄒᆞ고
몸의ᄂᆞᆫ 홍삼이오 머리의ᄂᆞᆫ 어ᄉᆞ화라
좌우의 ᄇᆡᆨ관드리 금관의 금줌 ᄭᅩᆺ고
홍황나 고은 죠복 금환 후슈 다라스며
냥 엽희 ᄑᆡ옥쇼ᄅᆡ 거름마다 징징ᄒᆞᆫ다
시위군병 갑쥬 ᄒᆞ고 춘당ᄃᆡ 너른 ᄯᅳᆯ의
득인진하 되ᄂᆞᆫ구나 통례원 인의드리
산호를 놉히 ᄒᆞ니 쳔셰쳔셰 쳔쳔셰라
구경도 장홀시고 문물도 거륵ᄒᆞ다
장원낭 ᄀᆡ를 쥬고 그나은 신은들은
ᄉᆞ복마 죠흔 말게 무동 쥬어 ᄂᆡ보ᄂᆡ니

궐문 밧 ᄂᆞ올 져게 긔구도 장ᄒᆞ도다
아ᄎᆞᆷ의 션ᄇᆡ러니 져역의 션달이라
화류츈풍 ᄃᆡ도상의 셰마치 길군악의
무동은 츔을 츄고 벽졔쇼ᄅᆡ 웅장ᄒᆞ다
츈풍득의마졔질ᄒᆞ니 탐화랑 되여셔라
남녀노쇼 관광ᄒᆞ고 누가 아니 층찬ᄒᆞ리
셰상 션비 드러보쇼 음슈독셔 어려 말쇼
졍셩쇼도금셕투ᄂᆞᆫ 옛말이 그를숀가
슈문슈덕 면강ᄒᆞ며 셩경현젼 슈심ᄒᆞ여
츙군효친 근본 ᄉᆞᆷ고 졔셰안민 ᄌᆡ죠 닥가
발룡부봉 현달ᄒᆞ여 입신양명 ᄒᆞ게 ᄒᆞ쇼
례악법도 이러ᄒᆞ니 거륵ᄒᆞᆯᄉᆞ 한양일다
어와 벗님너야 한양 구경 가ᄌᆞ셔라
한양은 어ᄃᆡ면고 우리나라 국도로셰
하후시 도산도슈 시획구쥬 ᄒᆞ셔스니
뎨요뎨슌 도읍터ᄂᆞᆫ 평양포판 그 아니며
문왕무왕 도읍터ᄂᆞᆫ 기산풍호 그 아닌가
동셔한의 ᄂᆞ려와셔 낙양 장안 동셔경은
고됴의 창업이요 광무의 즁흥이라
강남 금능 번화지지 당숑 국도 되여셔라
력ᄃᆡ 뎨왕 젼슈ᄒᆞ니 즁국의 ᄯᅡ이로다
싱어동방 ᄒᆞ여스니 동국이나 알리로다
강우ᄐᆡᄇᆡᆨ단목ᄒᆞ여 여요병입 단군이며
봉긔ᄌᆞ우죠션ᄒᆞᄉᆞ 각일쳔연 평양이라
ᄉᆞᆷ한 젹은 그만두고 아국도셩 여긔로다

ᄃᆡ명 홍무 임신연의 ᄉᆞ긔국호 죠션ᄒᆞᄉᆞ
정정한양 ᄒᆞ셔스니 즁희누흡 ᄒᆞ여셔라
금쳑의 길몽이오 옥쳡의 상셔로다
오만ᄉᆞ년 누릴 도읍 한양셩즁 거륵ᄒᆞ다
산쳔누ᄃᆡ 셩곽지당 웃글의 ᄒᆞ여스니
다시 ᄒᆞᆯ 말 아니로ᄃᆡ 례의동방 장ᄒᆞᆯ시고
원싱고려 ᄒᆞᆫ단 말은 즁원ᄉᆞ롬 말리로세
츄ᄎᆞ언이관지ᄒᆞ면 제일강산 가지로다
산악슈긔 ᄇᆡ다 ᄂᆞ니 츙효인물 총총ᄒᆞ다
범절이 이러ᄒᆞ니 천하제국 제일일세
쳔시지리 어더스며 인화죠ᄎᆞ 되여셔라
현숑지음 부졀ᄒᆞ니 슈ᄉᆞ지풍 분명ᄒᆞ고
인의지도 찬연ᄒᆞ니 셩현지국 되여셔라
삼왕적 일월이오 오뎨적 건곤이며
문무적 문명이오 한당적 문치로다
포판이 아니 되면 기산이 여긔로세
북악의 긔린 놀고 죵남의 봉황 운다
경셩은 명요ᄒᆞ고 경운은 숨담ᄒᆞ다
ᄐᆡ고시절 못 보거든 우리 세계 ᄌᆞ세 보쇼
이런 국도 이런 세상 ᄌᆞ고급금 ᄯᅩ 잇스랴
업듸여 비나이다 북극젼의 비나이다
우리나라 우리 인군 본지ᄇᆡᆨ세무강휴를
여쳔지로 ᄒᆡ로ᄒᆞ게 비ᄂᆞ이다 비ᄂᆞ이다

세지갑진계츈 한산거ᄉᆞ 져

찾아보기

㉢

㉦

지은이　강명관
부산대학교 국어교육과 졸업
성균관대학교 문학박사
부산대학교 인문대학 한문학과 교수
저서로 공안파와 조선후기 한문학(2007)
농암잡지평석(2007)
국문학과 민족, 그리고 근대(2007)
책벌레들 조선을 만들다(2007)
조선의 뒷골목 풍경(2003) 등이 있다.

감　수　김인택(부산대 언어학과 교수)

100대 한글 문화유산 78
한 양 가

초판 1쇄 발행　2008년 8월 15일

지은이　강명관
펴낸이　이재선
펴낸곳　신구문화사

출판등록　1968년 6월 10일
주소　경기도 성남시 중원구 금광2동 2661번지
전화　031-741-3055~6
팩스　031-741-3054

ISBN 978-89-7668-147-8 93710
ISBN 978-89-7668-120-1(세트)

값 15,000원
*지은이와의 협의에 따라 인지는 생략합니다.
*잘못된 책은 바꾸어 드립니다.
*이 책은 국립국어원으로부터 국고보조금을 지원 받은
'100대 한글 문화유산 정비 사업'의 결과물로 이루어졌습니다.